I0399088

www.ingramcontent.com/pod-product-compliance
Lightning Source LLC
Chambersburg PA
CBHW070400120526
44590CB00014B/1196
9781778198243

كلمات بلا حواجز

Author/Publisher
Khaled Homaidan

Toronto – Canada

Reference # CMC29/22
Phone: 1.647.977.6677 – 1.647.242.0242
E-Mail: cmcmedia@rogers.com

المجموعة الكاملة

(4)

ـ كلمات بلا حواجز ـ

منشورات خالد حميدان
تورنتو – كندا

الطبعة الثالثة – 2022

خالد حميدان

تقديم: د. كلوفيس مقصود

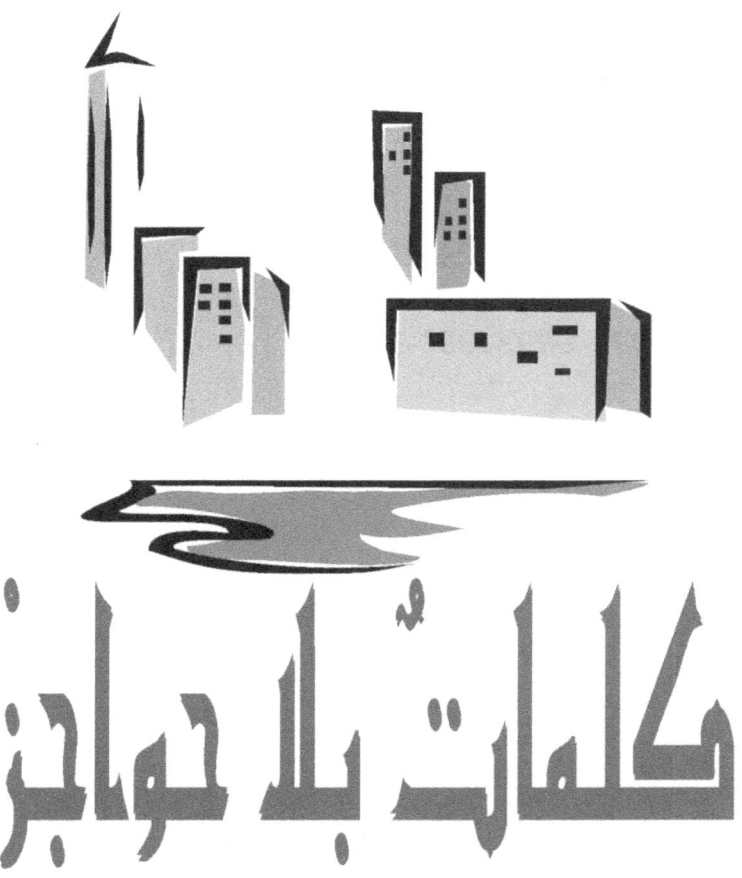

كلمات بلا حواجز

الطبعة الثانية - 2011

Author: Khaled Homaidan — المؤلف: خالد حميدان

Publisher: Khaled Homaidan
　　　　　khaled.homaidan@gmail.com

Address: 58 Pinecrest St. Markham ON, L6E 1C2
　　　　　Canada

Title: المجموعة الكاملة (4) كلمات بلا حواجز

Language: Arabic

Reference #: CMC29/22

ISBN: 978-1-7781982-3-6

* * * * * * * * * * * * *

تصميم الغلاف والإخراج للمؤلف
* * * * *

طبعة ثالثة منقحة ومضاف إليها
جميع الحقوق محفوظة

All rights reserved © Khaled Homaidan 2022

Phone: 1.647.242.0242

E-Mail: khaled.homaidan@gmail.com

الإهـــداء..

إلى الدماء الزكية التي ترسم اليوم
لوحة الكرامة
وشكل الانسان الجديد..

إلى البراعم الصادقة،
التي تحمل على منكبيها آلام الوطن
وفي يدها حجرة الانتصار..

إلى كل ثائر رافض للانحناء..
أهدي " كلماتي" هذه "بدون حواجز"..
وأنحنـــي..!

خالد حميدان

"كلمات بلا حواجز"

تقديم: د. كلوفيس مقصود

"كلمات بلا حواجز"، عنوان كتاب يشمل مجموعة من افتتاحيات الصديق خالد حميدان ـ رئيس تحرير وناشر صحيفة **"الجالية"** في تورنتو ـ كندا. هذه الاسهامات، التي هي بمثابة تحليلات للأحداث في الوطن العربي منذ مستهل القرن الواحد والعشرين لغاية نهايات 2007، تشكل ذخيرة إعلامية تتسم بالتزام واضح وعمق في التحليل وبتصميم في أن تكون الكلمة مسؤولة والنص بمجمله وسيلة إنارة وإثراء للمعرفة..

هذا التوصيف الذي يميز **"كلمات"** خالد حميدان كونها في حقيقتها **"بلا حواجز"** مما يعني أن تلقائية صياغتها نابعة من ثراء التجربة ـ مهنياً وعقائدياً ـ وعن سلامة الإحاطة بمسببات ودوافع ما يحدث، وبرغبة ملحة في أن تبقى خاضعة لمقتضيات الأمل رغم أنها تنطوي على عوامل التشاؤم والإحباط. وهذه الرغبة هي

تعبير عن ثقة في استقامة الأمة رغم ما تعانيه من القمع والتهميش، وعن كون الاندثار الحاصل هو حالة مؤقتة.. من هذا المنطلق يكتشف القارىء كيف أن الالتزام القوي لدى المؤلف يجعله بمنأى عن الاستقالة رغم سوداوية الحالة الراهنة.

... والحالة الراهنة في مختلف أرجاء الوطن ـ أكان في فلسطين أو العراق أو لبنان أو غيرها ـ تحول دون مؤشر يوحي بالتفاؤل. إلا إن في "كلمات بلا حواجز" ما يدخلك إلى فضاء من الأمل كون خلاصة مضمونها أن الحواجز لن تثني الملتزم عن إرادة إخراج الأمة من "المصيدة" التي جعلت الأنظمة السائدة فيها تكاد أن تفقدها الحد الأدنى من المناعة. هذا ما يفسر "بلا حواجز": أي رفض أن تكون الحواجز القائمة معطلةً للإرادة القومية وحائلاً بوجه ارتقاء الأمة..

* * *

لعلّ ما هو لافت للنظر هو أن خالد حميدان عندما صمم على تأسيس **"الجالية"**، أراد منها نقيضاً لمفهوم الاغتراب.. أو هكذا اعتقد، كون مضمون الثقافة السياسية التي تنطوي عليها "كلمات بلا حواجز" تشير إلى أن كلمة "الجالية" تنطوي على ديمومة التواصل بين الوطن الأم ووطن الانتماء والاقامة. وهذا المعنى له بنظري مدلولات هامة للغاية خاصة أن عاملي الاقامة والانتماء من شأنهما أن يؤديا في حال غياب أو نقص في عملية التواصل إلى دفع شرعية الاقامة والانتماء ذوباناً وانصهاراً ـ وهذا لا يعني

بأي حال أنه يجب ألا يُعزز الانتماء إلى بلد الاقامة. لا بل على العكس تماماً، فتمكين الانتماء يؤول إلى توسيع آفاق المشاركة والاستفادة، خاصة بالنسبة للأجيال الجديدة. لذلك كان لتسمية الصحيفة أن أعطت الجالية رسالة تجسير ومن ثم قيام ثنائية واعدة للمواطنة بحيث يصبح التواصل تمكيناً لمزيد من التفاهم وتعزيزاً للعلاقة دون أي انتقاص من تجذر الهوية القومية وما تمليه هذه الأخيرة من دفء الاحتضان وضرورة المساندة..

لا أدري إذا كان الصديق الأستاذ خالد حميدان كان يهدف بتسمية صحيفته بـ"الجالية" إلى هذا الدور المطلوب أو أن معرفته لشروط التواصل جعلته واعياً بأن الجالية في كندا ليست "مغتربة" وإنْ كانت بعض شرائحها تبدو كذلك.. فما يتضمنه كتاب "كلمات بلا حواجز" هو إصرار على استرجاعها إلى الجالية بمعنى كونها آلية التواصل..

أعتقد جازماً أن الجالية العربية إجمالاً في مختلف أرجاء العالم مطالبة في أن تبلور مشاريع واضحة تمكن الوطن الأم من الاستقواء في مواجهة التحديات المتكاثرة، وأن تساهم في تحديد أولويات مشاريع الاستقلال والتنمية ونزع فتيل النزاعات الداخلية الذي يؤثر سلباً على حياة الأمة ويجعلها عرضة لتصدعات إجتماعية وحقلاً للانتهاكات والتدخلات الأجنبية مما يؤدي إلى تعجيز العرب في توخي توحدهم ونهضة أوطانهم.. يستتبع ذلك أن على الجاليات العربية في مواقع الانتشار أن تكون خميرة لما يجب

أن تكون عليه الأوطان الأم لا مرآة لما هو عليه معظمها من تشرذم طائفي ومذهبي وتخلف تنموي وحرمان لممارسات حقوق الانسان.. وإن التواصل المطلوب يجب أن يكون مستداماً لا تعتريه تقطعات موسمية. ويستحضر هذا قيام مؤسسات للجالية العربية ـ كما هو حاصل في كندا ـ كذلك في سائر أنحاء العالم، وأن يتم فيما بينها تناسق جدي وملزم للجاليات من خلال تكامل أدوارها والتأكيد على أن دورها في الوطن الأم هو نابع من حقها في المشاركة وأن هذا الدور هو تظهير لتداخل "مرغوب" لا كما يصفه الانعزاليون في الأمة على أنه "تدخل مرفوض". ولعل أول هدف للجاليات العربية في العالم أن تعمل على إلغاء وزارات "المغتربين" كون التواصل هو تعبير عن انغماس طوعي في معاناة وطموحات الشعوب المقيمة..

* * *

في ضوء "كلمات بلا حواجز" تحولت استساغتي إلى قراءة الأدب السياسي والالتزام بمشروع النهضة، وإلى ما أثبته خالد حميدان من قدرة على الدعوة كما على التقيد بكل الميزات القيادية التي رافقت مضامين ما احتوت عليها النصوص. وهذا ما دفعني إلى أن أتجاوز التعليق الكلاسيكي إلى "تحريض" الجالية ـ المنبر، كي تحرض بدورها الجالية العربية في كندا لتصبح طليعة التواصل خدمةً للوطن الأم ولوطن الانتماء والاقامة على حد سواء..

أما كيف..؟ فإن الرصيد الذي احتوته **"كلمات بلا حواجز"** والالتزام الذي أبداه **"خالد حميدان"** كفيلان بجعل تواصل الجالية في أداء رسالتها متوفراً..

- مقدمة -

انطلقت المعارك الأولى نحو التحرر والاستقلال في منطقة المشرق العربي، مع انطلاقة الحرب العالمية الأولى ـ أي مع مطلع القرن العشرين ـ في ظل هيجان شعبي وتململ إجتماعي غير منظمين في طول البلاد وعرضها.

وقد جاءت حركة التحرر هذه بالرغم مما كان يشوبها من أخطاء لتوقظ الشعوب التي كانت رازحة تحت النير العثماني، من السبات العميق الذي دام قروناً طويلة لم يُعرف خلالها سوى الاستسلام والخضوع لمشيئة الباب العالي. إلا أن بريطانيا، التي كانت تحضّر إلى جانب الحلفاء لطرد العثمانيين من منطقة المشرق العربي ـ التي تعرف بالهلال الخصيب ـ وإحكام السيطرة عليها، وجدت في استخدام الثوار الرافضين للسلطة العثمانية الأداة المناسبة لعمليتها وأجرت الاتصال بالشريف الحسين أمير الحجاز إذ رأت فيه الشخصية العربية المناسبة والقادرة على القيام بهذا الدور لما كان لديه من تأثير قيادي وديني في ذلك الوقت. غير أن اعتماد الانكليز في الواقع، لم يكن على شخصية الحسين بقدر ما كان على دهائهم وغدرهم والتنكيل بوعودهم. ونموذج الدهاء الذي استخدموه في المفاوضات مع الحسين، وقد عرفوا نقطة الضعف لديه، هو التشريف والتبجيل والترفيع بشخصه حتى المبالغة. ومثال ذلك ما جاء في مقدمة رسالة مؤرخة في 30 أغسطس 1915 من "مكماهون" المندوب السامي البريطاني إلى الشريف الحسين حيث يقول فيها:

"إلى الحسيب النسيب، سلالة الأشراف وتاج الفخار، فرع الشجرة المحمدية والدوحة القرشية الأحمدية، صاحب المقام الرفيع والمكانة السامية، السيد ابن السيد والشريف ابن الشريف، السيد الجليل المبجل، دولة الشريف حسين باشا سيد الجميع، أمير مكة المكرمة قبلة العالمين ومحط رجال المؤمنين الطائفين، عمت بركته الناس أجمعين أما بعد.."

كل هذا التبجيل والتبخير، بل قل "التدجيل"، جاء في المقدمة قبل الدخول بصلب موضوع الرسالة.. لم يكن الانكليز بالطبع ليتوقفوا عند الشكل وجل ما كانوا يرمون إليه هو استخدام الحيلة أياً كان السبيل إليها للفوز بثقة الحسين حتى ينصاع هذا الأخير في مراحل لاحقة إلى أوامرهم وينفذ الخطط التي يرسمونها له برجاله وعتاده. حتى إنهم كانوا يعرفون تمام المعرفة أن لا قدرة للحسين على القيام بالثورة لأن ليس لديه من المقاتلين سوى العنصر البدوي والبدو بطبيعة حياتهم ونشأتهم غير قابلين للقتال. ولكن البريطانيين راهنوا على التحاق بعض الضباط من بلاد الشام والرافدين المتعطشين للثورة والاستقلال، وهؤلاء يكنون للحسين الطاعة والتقدير.. وعن طبائع البدو يقول صبحي العمري في مذكراته وهو ضابط دمشقي من بلاد الشام اشترك في ثورة الحسين: "يعتمد القتال النظامي على الممارسة والضبط المؤسس على الطاعة ووحدة العمل والتنظيم وهو الأمر الذي لا يتلاءم مع طبع البدوي وطراز حياته". ويتابع في مكان آخر: "لا أقصد بهذا أن أقلل من قيمة البدو وشجاعتهم وقد عاشرتهم مدة غير قصيرة ولذلك.. فإن ذكرت عنهم شيئاً إنما أذكره عن علم ومعرفة لا عن نقل أو استنتاج".

نشير هنا إلى أن العنصر الأساسي في ثورة الحسين كان وجود الضباط والجنود العراقيين والشاميين الذين أضفوا عليها الشكل العسكري النظامي وجعلوها تقف بوجه الجيش التركي موقف الند

المتفوق بمعنوياته وإمكاناته.. ونذكر منهم من دمشق: محمود الهندي، خيري القباني وصبحي العمري، ومن بيروت: سعيد عمون، إميل الخوري والشيخ فريد الخازن، ومن نابلس: راغب الرشاش، ومن القدس محمد العسلي وخليل السكاكيني، ومن بغداد: نوري السعيد وبهجت الكروي، ومن طرابلس ـ الشام (كما كانت تسمى): سمير الرافعي.. وكثيرين غيرهم !.

لقد كان هم جميع الذين شاركوا في المعارك الأولى من الثورة، التخلص من النير العثماني من غير أن تكون لديهم رؤية واضحة للمستقبل أو استراتيجية متكاملة للحفاظ على الاستقلال الوطني إذا ما تحقق النصر على الأعداء. وقد فاتهم ما كانت تدبّر من ورائهم دول الحلفاء لإحكام السيطرة على البلاد واستغلال مواردها الطبيعية بعد تقسيمها إلى مناطق نفوذ. وقد تجلت المؤامرة يوم أعلن عن اتفاقية سايكس ـ بيكو في أيار 1916 التي تقضي بتجزئة سوريا (الطبيعية) إلى كيانات مختلفة تتقاسمها كل من فرنسا وبريطانيا بمباركة روسية عملاً بالمعاهدة التي وقعها الحلفاء الثلاثة في "سانت بترسبورغ" قبل شهرين من الاتفاقية والتي بينت فيها مناطق نفوذ روسيا على الأراضي المتاخمة لحدودها.. فبالرغم من توقيع هذه المعاهدة بين الحلفاء الثلاثة في الرابع من آذار 1916 إلا إن الحكومة البلشفية لم تنشرها إلا في الواحد والعشرين من شباط 1918.

وفي نص المعاهدة الآنفة الذكر والمتعلقة بتقسيم سوريا الطبيعية وتوزيعها إلى مناطق نفوذ بريطانية ـ فرنسية، ورد فيما يخص فلسطين وأماكنها المقدسة بأن تكون خارجة عن السلطة التركية وتحت إدارة خاصة بإشراف بريطاني وفقاً لاتفاق يعقد بين الحلفاء الثلاثة بهذا الشأن. كما ورد في أن تكون سهول كيليكيا وميناء الاسكندرون منطقة دولية محايدة بإشراف فرنسي. أما التحفظ

بالأراضي المقدسة في فلسطين بإشراف بريطاني كان تمهيداً مقصوداً من بريطانيا للحصول عليها في مرحلة لاحقة ومنحها لليهود، تنفيذاً لوعد بلفور، لإقامة وطن عنصري مكافأةً لهم على تعاون اليهودية العالمية معها في الحرب. وقد حصل اليهود بالفعل على ما سمي بوعد بلفور الشهير في الثاني من تشرين الثاني عام 1917، وهو عبارة عن رسالة من وزير الخارجية البريطانية آرثر بلفور إلى اللورد روتشيلد أحد زعماء الحركة الصهيونية آنذاك.

وقد جاء في الرسالة: "إن حكومة صاحب الجلالة تنظر بعين العطف إلى تأسيس وطن قومي للشعب اليهودي في فلسطين، على أن يفهم جلياً أنه لن يؤتى بعمل من شأنه أن ينتقص من الحقوق المدنية والدينية التي تتمتع بها الطوائف غير اليهودية المقيمة في فلسطين ولا الحقوق أو الوضع السياسي الذي يتمتع به اليهود في البلدان الأخرى.

الرجاء إحاطة الاتحاد الصهيوني علماً بهذا التصريح.. المخلص: آرثر بلفور."

يبدو الخبث واضحاً في نص الرسالة حيث أوصى بلفور اليهود بعدم التعرض لحقوق أهل فلسطين المدنية أو الدينية في الوقت الذي يصدر فيه هو الوعد المشؤوم ويسمح لنفسه التصرف بمال ليس ماله وبحقوق وحريات مصادرة من أصحابها.

ففي هذه الاجواء الملبدة التي خيمت على منطقة المشرق العربي وجلبت الويلات على شعب المنطقة، تمكنت فرنسا وبريطانيا من انتزاع الحقوق الوطنية من أيدي أصحابها، وعاث الفساد طول البلاد وعرضها وعمل المستعمر على إذكاء الاحقاد والنعرات الطائفية والمذهبية حتى نجح في إقامة الشرخ بين فئات الشعب الواحد بعد أن وضعت الحرب أوزارها مما أدى بالجميع إلى القبول بفكرة التقسيم وإنشاء الكيانات التي رسمتها إتفاقية سايكس -

بيكو بالرغم من الثورات الوطنية الكثيرة التي قامت فيما بعد ضد الانتدابين الفرنسي والبريطاني وطالبت بالاستقلال الوطني. وليس بالخافي على أحد أن الاتفاقية هذه ما كانت لتتحقق لولا الدور السلبي والرجعي الذي لعبه الاقطاع ومؤسسات الطائفية السياسية في الانصياع للارادة الأجنبية وتنفيذ سياساتها على حساب حقوق ومصالح الشعب. وقد حصل أمراء الطوائف والاقطاع بالمقابل على وعد من الانتداب بحماية نفوذهم وسلطانهم..

وهكذا، بنتيجة فقدان النهضة الواعية وفكرة السيادة القومية على الأرض الوطنية، نجح الأتراك في الاستيلاء على كيليكيا الواقعة في الجزء الشمالي من سوريا وتضم ألوية الأسكندرون وأنطاكية وأضنه ومرسين، بتسوية حبية مع الفرنسيين أو (بالتواطؤ مع الفرنسيين) الذين كانوا يقاومون هناك فلول الجيش التركي المتراجعة أمام قوات الحلفاء، تماماً كما نجح اليهود في اغتصاب الأرض الفلسطينية بتسهيل من البريطانيين تنفيذاً لوعد بلفور المشار إليه آنفاً.

وفي العودة إلى تاريخ المنطقة وتحديداً خلال العشرينيات والثلاثينيات من القرن الماضي، نتبين أنه بالرغم من حالة التردي التي كان عليها المشرق العربي من جراء غياب النهضة الاجتماعية وفقدان الذاكرة القومية، قامت بعض الحركات الوطنية تندد باتفاقية سايكس ـ بيكو وتحذر من وعد بلفور ومن الويلات التي ستحل بالبلاد من جرائهما. إلا أنها لم تنجح بالوقوف بوجه التيار الاستعماري الآخذ باجتياح المنطقة بوسائله العدوانية كافة حتى تمت تجزئة الوطن إلى كيانات وبالتالي تجزئة قضيته القومية إلى قضايا متعددة. وفي هذه المرحلة سارعت الدول الغازية لتأسيس ما عرف بعصبة الأمم المتحدة، التي تحولت فيما بعد إلى

هيئة الأمم المتحدة، واعترفت المنظمة الدولية باستقلال هذه الدويلات ووضعت بينها، بالاضافة إلى الحدود الجغرافية، حدوداً إدارية دولية تضمن عدم تدخل الواحدة بالأخرى بموجب القوانين الدولية، فقطعوا بذلك الطريق على المطالبين بالوحدة والسيادة القومية. وهكذا تم لاحقاً تفسيخ القضية الوطنية الكبرى، فأصبحت المسألة الفلسطينية "قضية" الشعب الفلسطيني ومسألة الجنوب اللبناني "قضية" الشعب اللبناني ومسألة الجولان "قضية" الشعب السوري وحرب العراق قضية ومعاناة الشعب العراقي.

بالرغم من تقسيم البلاد إلى كيانات تسهل معها السيطرة على مواردها وخيراتها إلا أن الولايات المتحدة الأميركية وحليفتها إسرائيل، تعملان اليوم على رسم اتفاقية "سايكس ـ بيكو" جديدة لشرذمة المنطقة مرةً ثانية، وكأن الاتفاقية الأولى لم تعطِ النتائج المتوخاة لما يتعرض له الاحتلال الصهيوني في فلسطين والاحتلال الأميركي في العراق، من ضربات المقاومة المشروعة من أجل تعطيل المؤامرة الجديدة.. ومن الواضح عندما نتكلم عن المقاومة نعني المقاومة الوطنية وليس عناصر الإرهاب الذين لا ينتمون إلى وطن أو دين.

فإذا ما نظرنا إلى الواقع المتردي الذي يعيشه "المشرق العربي" أو منطقة "الهلال الخصيب" بجميع كياناتها، يتبين لنا كيف تتكرر المعاناة منذ مطلع القرن العشرين وحتى أيامنا هذه وإن اتخذت أشكالاً مختلفة تتلاءم مع المرحلة التي تمر بها، حيث عمل ويعمل المستعمر في محاولات متكررة، على محو الذاكرة القومية وتغليب ثقافة الطائفية والقبلية على ثقافة الوطن، مشجعاً في ذلك قيام الأصوليات الدينية التي أصبحت اليوم تشكل الخطر الأكبر، ليس على مجتمعاتها وحسب، وإنما على العالم بأسره. أما الأسباب التي أدت إلى هذه المعاناة، فيمكن حصرها بخمسة:

أولاً: القرار الأميركي النهائي في السيطرة على البلاد

بعد الحرب العالمية الثانية أصبحت الولايات المتحدة الأميركية اللاعب الأول على مسرح الشرق الأوسط بتقليصه لدور فرنسا وبريطانيا (دون أن يبلغ حد الإلغاء). وقد حرص الجبار الأميركي على صداقة البلدين بإقامة التحالف معهما لاستخدامهما فيما بعد، في عملية الهيمنة على البلاد ومصادرة القرار الوطني تمشياً مع مصالحه الاستعمارية. وكان على أميركا عند نهاية الحرب أن تبدأ بإعداد الخطة للانقضاض على المنطقة وقد رأت في قيام الكيان الصهيوني على أرض فلسطين (تنفيذاً لوعد بلفور بمظلة فرنسية ـ بريطانية) ما يسهل عليها المهمة، فشجعت هجرة اليهود إلى الأرض المقدسة وتبنت قيام الدولة العنصرية التي عرفت فيما بعد بدولة "إسرائيل". ومنذ ذلك التاريخ أي العام 1948، والولايات المتحدة ملتزمة بتقديم المساعدات العينية والمالية سنوياً إلى دولة إسرائيل لاعتبارات استراتيجية تضمنتها الخطة الشاملة، تتلخص في تعزيز قدرات إسرائيل كقاعدة عسكرية أميركية في خاصرة المشرق العربي.

وتنفيذاً لهذه الخطة، التي لم تكتمل فصولها بعد، كان على المنطقة بأسرها أن تعيش ـ ولا تزال ـ في جو من القلاقل والاضطرابات الفكرية والاجتماعية والسياسية.

ثانياً: غياب النهضة القومية بسبب التجزئة والتقسيم

ونتيجةً لتقسيم البلاد إلى دويلات تفتقد أصلاً إلى المقومات الأساسية للحياة، كان على المستعمر أن يُبرز ويغذي عناصر بديلة عن النهضة القومية والتنشئة الوطنية مثل الاقطاعية والطائفية، مراهناً على تعلق المواطنين بها لتدبير حاجاتهم اليومية وصرف النظر عن قضيتهم القومية الكبرى. فشجع المستعمر على هاتين

الآفتين الموروثتين عن الدولة العثمانية وكان بنتيجته أن ظل المواطن، كما في العهد العثماني، رهينة لا تتحقق له مصلحة إلا بواسطة الإقطاع أو الطائفة. وهذا ما يفسر تعثر أو فشل المحاولات النهضوية والتقدمية التي قامت في البلاد بوجه الاستعمار وحلفائه الاقليميين أو عملائه المحليين..

ثالثاً: تشجيع الاستقلال المزيف للكيانات وارتهان الحكم الوطني

ولما كانت تقوم في البلاد حركات تحررية وطنية من وقت إلى آخر هددت النفوذ الأجنبي في أكثر من موقع، كان على الاستعمار أو الانتداب أن يقمع هذه الحركات بالترهيب حيناً وبالدهاء تارة مما أدى به في النهاية، إلى منح الاستقلال للكيانات المختلفة (التي خرجت بالتقسيم) على أن تبقى اليد الطولى فيها لمراكز الاقطاع والطوائف وبشرط أن يبقى الحكم الوطني مرتهناً للارادة الأجنبية كما في السابق. ومن باب إحكام هذا التدبير وجعل الكيانات نهائية، ابتكر الاستعمار فكرة "عصبة الأمم" التي تحولت فيما بعد إلى "هيئة الأمم"، فقطعوا بذلك الطريق على المناضلين والمطالبين بالوحدة والسيادة كما مرّ معنا.

رابعاً: الاصطفافات الطائفية وإلانصراف عن قضية الكبرى

ففي ظل التقسيم الجغرافي والانقسامات الطائفية والمذهبية، تقلص الشعور بالانتماء الوطني ليحتل الانتماء الطائفي المكانة المرموقة خاصة مع بروز الطائفية السياسية واعتمادها في سائر مرافق الدولة (دولة الاستقلال). وهكذا استمر النظام الطائفي (برعاية أجنبية)، يتحكم بالحياة السياسية حتى أيامنا هذه مشجعاً الاصطفافات الطائفية ليصرف الشعب عن قضية الوطن الكبرى.

خامساً: محاولة غسل الذاكرة القومية وتزوير التاريخ

إن خطة الاستيلاء على بلاد المشرق العربي، ليست بالسهولة التي يظنها البعض حتى في ظل التقسيم والانقسامات الحاصلة بين أبناء الشعب الواحد. ومن أجل هذا، تعمل الارادة الأجنبية في محاولات مختلفة وعلى أكثر من صعيد، على غسل الذاكرة القومية وتزوير التاريخ بما يتلاءم مع الوضع الجديد للكيانات (المستقلة). وفي هذا الجو من الفوضى، تباينت المدلولات اللفظية والمصطلحات الفلسفية والوقائع التاريخية، فاختلطت المفاهيم على الكثيرين وكان من أهم نتاجها الفوضى الفكرية والتباين في فكرة الانتماء القومي. ومن المؤسف أن يجنح البعض إلى الادعاء بالقومية الكيانية (اللبنانية أو الفلسطينية أوالشامية.. إلخ) تارة وبالقومية العربية طوراً واعتبار العالم العربي كله أمة واحدة، من غير الرجوع إلى المبادىء والقواعد العلمية والتاريخية في تحديد الانتماء القومي. فقد تأثر هؤلاء، ولا شك، بالنزعات الدينية التي تعتبر الدين عنصراً أساسياً في نشوء الأمة بالاضافة إلى اللغة..

لن أتوسع هنا في معالجة ظاهرة القومية العربية التي قامت في بعض بلدان العالم العربي وإن كنت أرغب أن أضيف شيئاً في هذا المجال: إن هناك توافقاً بين الدارسين والمفكرين على أن العالم العربي يتألف من مجتمعات عربية أربعة أو أمم عربية أربع: المشرق العربي، المغرب العربي، وادي النيل والصحراء العربية. أما تعداد الدول العربية اليوم بعد أن فعل التقسيم فعله أصبح يقارب العشرين أو أكثر وهو مرشح للزيادة. وإن الكلام عن وحدة عربية أو المزايدة فيه لا يفيد بشيء وإن كنا من دعاة قيام الاتحاد العربي (على غرار الاتحاد الأوروبي) مع الاشارة إلى أن الوحدة غير الاتحاد. فالوحدة تقوم في المجتمع الواحد أي بين أعضاء

الجسم الواحد، بينما يقوم الاتحاد أو الجامعة بين عدة مجتمعات أي بين عدة أجسام لأنها تشترك فيما بينها بقواسم ومصالح مشتركة، وهذه هي الحال بين أمم العالم العربي. وحتى في هذه الحال، لا يمكن للاتحاد أن يقوم إلا بشروط قانونية واضحة. فالاتحاد هو عقد قانوني كأي عقد قانوني آخر يلزم لقيامه توافر شروط ثلاثة:
1- أهلية التعاقد.
2- الإرادة الحرة للمتعاقدين.
3- مشروعية الموضوع المتعاقد عليه.

فبالنسبة للشرط الأول، لا أهلية قانونية للتعاقد لأي بلد منقوص السيادة والحرية. وللأسف فعالمنا العربي، بمختلف كياناته، تحكمه أنظمة رجعية تخلت عن السيادة والحرية..

وبالنسبة للشرط الثاني، فلا تملك الأنظمة العربية إرادة حرة لأنها مرتهنة للخارج بوصاية أجنبية. ويبقى هذا الشرط غير محقق حتى ولو بموافقة الوصي الأجنبي، إذ من الطبيعي ألا تتجه إرادة الأجنبي إلى تشجيع التعاقد على اتحاد عربي وإلا يسقط دور الوصاية وتتوقف المصالح الاستعمارية.. وقد يتساءل البعض لماذا الاتحاد طالما أن الجامعة العربية قائمة وجل ما يلزم هو تفعيل الدور وحسب. والحقيقة التي تغيب عن بال كثيرين هي أنه لا مانع لدى المستعمر أو الوصي باستمرار الجامعة العربية، التي كانت بالأساس بدعة بريطانية، لأنها تشكل جامعة للأنظمة لا جامعة للشعوب، وهي لن تسلم حتماً من أظافره إذا ما قدر لها أن تتحول إلى جامعة حقيقية للشعوب العربية..

أما فيما يتعلق بالعنصر الثالث، أي بمشروعية الموضوع المتعاقد عليه، فموضوع الاتحاد مشروع بامتياز لا يمس "الآداب العامة" أو "السلامة العامة" ولا "الأمن العام"، ولكنه ينتظر تحقيق الشرطين الأول والثاني.

*****

تتفاقم المعاناة يوماً بعد يوم وقد باتت منطقة الشرق الأوسط بأسرها مهددة بـ "التجديد".. إن لم يكن من قبل الهيمنة الخارجية (الأميركية تحديداً وحليفتها إسرائيل)، فمن قبل الأصوليات الداخلية الآخذة بالنمو والانتشار. وما كان ليحدث كل هذا لولا غياب المشروع القومي.

المشهد ذاته يتكرر كل يوم: التحديات والمطامع الأجنبية على بلادنا، محاولات التقسيم المختلفة، إلهاؤنا بنظريات وأفكار لا تمت إلى حقيقتنا بصلة، تعميق الخلافات الداخلية وإذلال الشعب بالقمع والترهيب بواسطة الطائفية والاقطاع ورأس المال..

كل هذه الممارسات تصب في أهداف ليست أهدافنا وفي مصلحة ليست مصلحتنا. ولا حيلة لنا سوى بالعودة إلى المشروع القومي والالتزام بحركة النهضة والقيم الاجتماعية التي لا تتبدل مع تبدل الأهواء والنزعات، وبالاصرار على تقمص الدور الحضاري الذي يحمي الوطن وينقذ الانسان..

قد يرى البعض فيما أقول مبالغةً أو تفاؤلاً أو مستحيلاً.. لا فرق. سأرد بسؤال عفوي بسيط: ما هو البديل لبلوغ الانتصار..؟؟

المؤلف

قيامة الـ 2000

2000/4/26

القيامة.. وماذا تعني القيامة ؟
أهي قيامة السيد المسيح من بين الأموات ليحدث معجزة تضاف إلى عجائبه ومعجزاته ؟
أم هي تحرير الذات البشرية من عبودية الغريزة والمادة لتنعم في فضاء من نور؟
أهي دحر للباطل وسحق لدعاة الشر..
أم سلام يبشّر بالفرح والأمل والربيع الدائم ؟
أهي التجدد وغذاء الروح المتعطشة إلى الحياة..
أم عنوان البقاء وخلود الروح؟
أهي انتصار على الموت وقد عبره يسوع إلى الحياة من جديد..
أم تفوق على الانهزام بإرادة منتصر؟
القيامة تعني هذا وذاك!..

وإذا كان الموت يجسد إرادة الشر والحياة تجسد إرادة الخير، فقد قام المسيح حقاً من بين الأموات لينتصر على الشر وعلى فاعليه

الذين لا يزالون، حتى أيامنا هذه، ينعمون بالأرض وقد عبثوا فيها بكل حق وخير وجمال..

صلبوا المسيح منذ ألفي سنة. و"ذنبه" أنه كان يبشر بالمحبة..

استولوا على القدس، مهد الحضارات والديانات، وغيّروا فيها معالم تراثنا الحضاري..

نبذوا كل نسمة حية لا تدين بدينهم..

نشروا الفتك والدمار فوق أرضنا المقدسة.

قصفوا أطفالنا وشرّدوا أهلنا..

قتلوا أقوياءنا واشتروا ضعفاءنا.

مسخوا مخطوطاتنا الحضارية بما يتلاءم مع دناءة نفسيتهم ونسبوها إليهم،

وابتكروا الارهاب في العالم ونسبوه إلينا..

زوّروا الخرائط والتاريخ والكتب القديمة،

دنّسوا الأرض بأقدام همجية وما زالوا يعربدون على أنقاض شهدائنا الأبرار الذين سعوا إلى الموت ليظفروا بالقيامة..

وما الظفر بالقيامة إلا عز الحياة..

هنيئاً لمن ظفر بها وتجلت له الحقيقة في وحدانيتها.

سيكتب التاريخ في غد ليس ببعيد، إن قيامة الشهداء التي تمخضت عن آلامهم، كانت السر لقيامة شعبنا وبلوغه الحقيقة الساطعة.

يقول السيد المسيح بعد قيامته من الموت: "تعرفون الحق والحق يحرركم".

تعود الذكرى في كل سنة لتنبّه العالم إلى معنى القيامة ولتجدد العزم في النفوس من أجل التصدي للشر ومواكبة مسيرة الخير ليعمّ السلام.

أهل تكون قيامة الـ 2000 مختلفة عن سابقاتها ؟

علّنا نتحد بقيامة السيد المسيح الذي نفض عنه غبار الموت وانتصر، لننفض نحن عن ضمائرنا آثار القلق والتردد..

فقد آن لشعبنا أن ينتصر!.

حصار العراق وإبادة العرب..

2000/8/16

لمناسبة الذكرى العاشرة لحرب الخليج الثانية، قرأنا وسمعنا الكثير عن تأثيرات الحرب على العراق، من خراب ودمار للبنى الفوقية والتحتية، وعن الحصار الاقتصادي الذي استتبعها وما زال، ليجعل الشعب العراقي يتلوى بين حصارين: الجوع ومصادرة الحريات.
أضف إلى ذلك شبح الموت الجماعي الذي يخيّم على العراق في حاضره ومستقبله من جراء المواد السامة التي خلفتها حرب الخليج التدميرية كدخان المواد الكيماوية التي احترقت خلال الحرب ورواسب تدمير مصانع الأسلحة الكيماوية والنووية والاشعاعات الكهرومغناطيسية وغبار اليوارنيوم وسوء التغذية لفقدان المواد الأساسية، وإن وجدت فليس باستطاعة المواطن العراقي الحصول عليها لأن قدرته الشرائية قد تدنّت بعد الحصار، بنسبة عشرين مرة، إلى دون خط الفقر الغذائي المحدد من قبل منظمة الصحة العالمية.

كل هذا ليس بالجديد.
وليس بالجديد أن ندرك بأن الحصار على العراق، بعد سكوت المدافع وقصف الطائرات، هو حرب من نوع آخر، هذه الحرب التي ترمي في نهايتها إلى إبادة الشعب والاستيلاء على موارده الطبيعية من نفط ومياه وخيرات مدفونة تحت ترابه.

وليس بالجديد أن نسمع بالاستنكارات تتصاعد من كل جهة وتدين الحصار على أنه جريمة نكراء وعمل غير شرعي، وقد أدانته الأعراف الدولية والجمعية العمومية للأمم المتحدة، لا بل أنه فضيحة الغرب الذي يدّعي التفوق الحضاري وحرصه على حقوق وحريات الانسان في العالم، هذا الادعاء الذي يستخدمه في كل مرة ليبرر تدخلاته السافرة في لجم الحريات والتعدي على حقوق الشعوب الضعيفة وحرمانها من حقها في الحياة.

وليس بالجديد أن نعي بأن خطورة الحصار ليست على العراق وحسب، وإنما على جميع دول المنطقة. فالخطر يدق على كل باب وإن اختلف سلاح التعدي وتباينت أساليب الهمجية. "فمن لم يمت بالسيف مات بغيره..." ليت أن العرب يعرفون.. فينتفضون.

إن حصار العراق هو المدخل إلى إبادة العرب في مصادرة حرياتهم وأموالهم ومواردهم، لا فرق بين نظام وآخر أو بين مقرب ومبعد، فيموت من يموت ويرحل من يرحل ويجوع من يجوع إلى أن يلحق بمن سبقه إلى ربه سبيلاً.

أما الجديد الجديد أن تنعقد السواعد العربية، أينما كانت في العالم ومهما تباينت الفروقات بينها، من أجل قضية تعني العرب جميعاً، فيؤكدون على حقهم في الحياة وعلى دورهم في حضارة بني الانسان، علهم يوقظون الضمير العالمي إذا ما أعادوا إلى ذاكرة العالم مأثرة "حمورابي" الكبرى في وضع أول تشريع لحقوق الانسان نقش على الحجر، فيعمل العالم في صفوفهم وينادي بحقهم ويطالب كما يطالبون بفك الحصار عن العراق..

هل يتنبّه العرّاب؟

2000/10/18

على أثر اختتام أعمال القمة في شرم الشيخ التي استغرقت ثمان وأربعين ساعة بضيافة الرئيس مبارك وحضانة الرئيس كلينتون، أعلن عن التوصل إلى اتفاق بين الجانبين الفلسطيني والاسرائيلي لوقف أعمال العنف والشغب داخل الأرض المحتلة التي دخلت أسبوعها الثالث. وقد جاء هذا الاتفاق تلبية لرغبة الرئيس كلينتون الذي شدّد على طرفي النزاع لإزالة الاشكالات والعقبات وتهدئة الأوضاع تمهيداً للعودة إلى طاولة المفاوضات مؤكداً أن وضع المنطقة لا يتحمل المزيد من الشغب والفلتان الأمني.

إن طرحاً رومانسياً كهذا يؤثر في النفس ويدخل إلى أعماق الذات ويجعل الجميع يخضع إلى تلبية النداء وخاصة الجانب الفلسطيني الذي يتعرّض أبناؤه يوماً بعد يوم، لا بل ساعة بعد ساعة إلى مزيد من الانتهاكات والاعتداءات..

ولكن.. هل تم التوافق على تفاصيل الاتفاق؟
وهل سينفذ الاتفاق في حال قيامه؟
وهل ستحل المشكلة نهائياً وينعم بعدها الشعب الفلسطيني بالسيادة وحق تقرير المصير؟

ففي قراءة دقيقة لمجريات الأحداث المتلاحقة على الساحة العربية، تطالعنا الاجابة على هذه التساؤلات بشيء من اليأس والتشاؤم ابتداءً من قيام إسرائيل على أساس توسعي عدواني عام 1948،

على آلام الشعب الفلسطيني في قتله وتهجيره والسيطرة على موارده وخيرات أرضه، وانتهاءً بقمة شرم الشيخ الأخيرة.
إن التعاطي مع عملية السلام حتى تاريخه كان يرتكز على إثارة العواطف والكلام المعسول دون الدخول إلى الثوابت التي تتشكل منها الورقة الفلسطينية. وقد فات عرّاب السلام أن القبول بالشروط الاسرائيلية في إطار الأمر الواقع لا يؤدي إلى السلام لأنه يحمل في طياته الغبن والاجحاف والأصح أن يسمى حصاراً لا سلاماً.
والشيء الآخر الذي لم يدرج في حسابات "العرّاب"، أن خيار المقاومة لم يسقط بعد وقد باتت نوايا العدو مكشوفة للجميع وأن الشعب الفلسطيني لم يعد وحده في المواجهة المصيرية رغم الانقسامات العربية. وخير دليل على ما نقول هو حالة المقاومة اللبنانية التي استطاعت، بثباتها ونضالها، أن ترغم العدو على التراجع والانسحاب.

ويبقى الخيار الوحيد لاسرائيل إذا كانت نيتها تتجه إلى إحلال سلام حقيقي في المنطقة، هو في أن تتخلى عن غطرستها وتنصب العدل فيأخذ كل ذي حق حقه.
والمشكلة الحقيقية هي ليست في ما حصل في الأسبوعين الماضيين. إن الاعتداءات المتكررة التي تمارسها إسرائيل ضد الشعب الفلسطيني، في كل مناسبة، لا تصب في مصلحة السلام، بل هي ترمي إلى السيطرة على الارادة الفلسطينية باسم السلام لتقيم الحصار الخانق على الشعب ومن ثم التحكم بموارده ومقدراته..
فهل يتنبه العرّاب..؟

أجراس بيت لحم!

2000/12/20

بتاريخ 31 كانون الأول 2000 الجاري، وفي تمام الساعة الثانية عشر ليلاً ستقرع أجراس بيت لحم للمرة الألفين لتعلن نهاية القرن العشرين وانقضاء الألفية الثانية للميلاد.. وهكذا، خلافاً لما أشيع في نهاية السنة الماضية، ستكون بداية القرن الواحد والعشرين بتاريخ 2001/1/1، ومعها تبدأ الألفية الحقيقية الثالثة.

وفي استحقاق تاريخي كهذا وهو ليس بالمألوف، تجول في خاطر المرء صور وحكايات من الماضي البعيد، بهدوئه وبساطة العيش فيه، بالمقارنة مع الحاضر بسرعته وتعقيداته وتطور الآلة التي تتحكم بكل خطوة من خطواتنا، حتى يقف واحدنا مذهولاً مذعوراً متسائلاً: إلى أين نحن سائرون وما الذي ينتظرنا هناك في عباب القرن الواحد والعشرين ولم نصادفه في القرن العشرين. والحقيقة أنه ينتابنا الخوف من التطور العلمي والتكنولوجي كلما تمادينا في التأمل والتساؤل ليس لأننا نرفض رقي العقل وتقدمه ونفضل البقاء في مجاهل التخلف المظلم، بل لأن الانسان قد ينصرف عن روحانياته بعد أن تمكنت منه المادة، فيفقد الشعور بالقيم الانسانية كالحق والخير والجمال والمحبة والتسامح، هذه القيم التي تقوم عليها شرعة حقوق الانسان وما يتفرّع عنها من مبادئ قانونية أقرتها الأمم المتحدة ضماناً لخير الانسان في الأسرة الدولية.

وعلى الرغم من أن حقوق الانسان اكتسبت أهميتها وشرعيتها خلال القرن العشرين وادعت تطبيقها والعمل بموجبها معظم الدول

المتطورة، إلا أنها لم تطبق في البلاد النامية أو دول العالم الثالث، وكأن الانسان هناك غير معني في شرع الدول الجبارة التي تستبيح الظلم والقهر واغتصاب حقوق المستضعفين وترى في المقاومة لاسترجاع الحق والانتفاض من أجل الحرية والسيادة شكلاً من أشكال الإرهاب والخروج على القوانين والأعراف الدولية.

فإذا كان هذا هو شكل التعاطي مع حقوق الانسان، في ظل الايديولوجيات الرومانسية، التي سادت على امتداد القرن الذي انقضى فكيف ستكون الأشكال المقبلة مع القرون الآتية..؟؟

ثمة حقيقة واحدة يجب ألا تغيب عن بالنا وهي أن الصراع من أجل الحياة، بما تعنيه الحياة من عزة وحرية وسيادة، حق تقرّه جميع الشرائع والقوانين والأعراف، ولا يسقط بالتقادم إلا إذا تخلينا نحن عنه. وعلينا بالتالي ألا نقبل بأن يكون دخول القرن الجديد استئثاراً لتفوّق الجبابرة وانحساراً لصيحات المقهورين المطالبين بالسلام.

فهل نترقّب، منذ اليوم، نواقيس الخطر الآتية مع القرن الواحد والعشرين، أم أنها ستعود أجراس بيت لحم في عزف روحاني دافئ، لتعلن ولادة الفرح والأمل والسلام..

المزايدة الأميركية..

2001/1/10

بعد أيام قليلة يتسلم الرئيس الأميركي المنتخب جورج بوش مهام الادارة الأميركية بعد أن يكون قد استكمل تنصيب أعضاء فريق العمل الذي سيعاونه خلال ولايته القادمة.

وفي ورشة التنصيب أو التعيين هذه، يعمل الجمهوريون بدقة على تدابير جديدة قادرة على تغيير ميزان القوى بحيث ترتفع نسبة التأييد الشعبي لحزبهم إلى ما يتعدّى الـ 50% حتى لا تتكرر المهزلة التي رافقت الانتخابات الأخيرة بتكرار فرز الأصوات والانتظار أسابيع طويلة لاعلان النتيجة.

وكان أول التدابير، وهو يتعلق بالشأن الداخلي، اختيار الوزراء من مجموعات إثنية وألوان مختلفة، علهم بذلك يحصلون على تأييد جميع الشرائح الاجتماعية التي يتألف منها المجتمع الأميركي.

أما التدبير الثاني، وهو يتعلق بالسياسة الخارجية الأميركية، فكان إطلاق تصريحات وزير الخارجية المعين كولين باول الذي أعلن يوم تنصيبه بأنه يجب أن يستمر الحصار على العراق وعلى الادارة الأميركية ألا تتردد في توجيه ضربة عسكرية لوضع حد لتمرد صدّام حسين، مذكراً بحرب الخليج والخسائر التي مني بها الشعب العراقي والنتائج الايجابية التي حققتها الولايات المتحدة من جرائها.

وهذه التصريحات لم تكن عفوية بإرادة كولين باول المنفردة بل تنفيذاً للدور الذي يرى فيه حزب الجمهوريين إرضاء للرأي العام اليهودي الذي ينصب العداء للعراق ويؤيّد الهيمنة الاسرائيلية في

المنطقة العربية، علّ بهذا التدبير يستعيد بوش القوى اليهودية التي انجرّت إلى تأييد آل غور في الانتخابات الأخيرة.

وإذا صحّت توقعات الجمهوريين نتيجة هذين التدبيرين، فإن نسبة التأييد الشعبي لحزبهم سترتفع، على الأقل إلى 60 أو 65%.

ويهمنا في هذا المجال أن نؤكد لأنفسنا، نحن شعب المنطقة الشرق أوسطية، بأننا نقف على مسافة واحدة من الادارة الأميركية، تولاها الجمهوريون أم الديمقراطيون، وتسجيل الملاحظتين التاليتين:

إن اختيار الوزراء من المجموعات الاثنية المختلفة بما فيهم ابراهام حفيد اللبناني الأصل، لن يغيّر شيئاً في سياسة الادارة الأميركية في الداخل أو في الخارج على اعتبار ان هؤلاء قد "تأمركوا حتى الثمالة" ولا فرق بينهم وبين أي أميركي آخر. لا بل قد يكون الواحد منهم "أميركياً أكثر من الأميركيين".

أما الملاحظة الثانية فهي أن الكسب الشعبي للادارة الأميركية مرهون بالمزايدة والتهديد باستخدام القوة، في سياستها الخارجية، لضرب الشعوب الآمنة وسرقة مواردها الطبيعية في أبشع صورة إرهابية. وهذا ليس بالجديد لأن حقوق الانسان وممارسة الديمقراطية تعيش داخل أميركا فقط وليس في خارجها. هذا هو منطق أميركا..

بقي علينا أن نتنفس الصعداء وننتظر علنا نفاجأ بتدبير آخر، لم يكن في حساباتنا، يقوم به الجمهوريون في توليهم للادارة الأميركية الجديدة، يعيد إلينا الحق السليب والسيادة على أرضنا. فنعرف أننا أخطأنا فيما حللنا ـ وجلّ من لا يخطئ..

الضمير الأميركي..

2001/1/17

تحتفل الولايات المتحدة الأميركية في الأسبوع الجاري بالذكرى الثانية والسبعين لولادة مارتن لوثر كينغ (1929-1968) هذا الرجل الأسطوة الذي استطاع، رغم عمره القصير، من إجراء تغييرات جذرية كثيرة داخل المجتمع الأميركي بفضل مثابرته وعناده ووقوفه بوجه الظلم حتى دفع حياته ثمناً لنضاله من أجل الحرية وكرامة الانسان.

وقد انتشرت أفكار مارتن لوثر كينغ خلال الستينات بعدما أدرك أن الصراع الطبقي والعنصري الدائر في أميركا قائم على الفوارق العرقية - الاثنية والتي توافقت مع الفوارق الاقتصادية والاجتماعية الناجمة عن استغلال الانسان الأبيض، صاحب القوة والحماية لغيره من ذوي الألوان والخلفيات الاثنية الأخرى. وقد شكلت حركته نقطة تحوّل في حياته وحياة الأميركيين بشكل عام إذ انتقلت أفكاره من إطارها الضيّق في الجنوب لتعم سائر الولايات مما اضطره إلى التنقل لشرح موقفه وتوعية الشعب الأميركي لحقوقه وواجباته.

واستطاع كينغ أن يستقطب الفئات الشعبية الواعية من خلال إصراره على التصدّي لمساوئ الوضع القائم وبلورة الحقوق المدنية التي أصبحت فيما بعد الأساس الصلب لحقوق المواطن الأميركي. ومع هذا ظلّ المجتمع الأميركي حتى يومنا هذا، في كثير من مدنه وأحيائه، يعيش على العرقية والطبقية وإن كان يظهر في معظم الأحيان خلاف ذلك.

كان التزام مارتن لوثر كينغ بقضية الأميركيين السود كالتزام المؤمن بالله والمحبة. لقد سعى إلى تحرير السود من عقدة الخوف والشعور بالنقص ودفع بهم إلى المطالبة بالعدل والمساواة بأسلوب سلمي تبشيري من غير استعمال العنف وهو القائل بصوت الضمير الأميركي:

"لا يمكن للسواد أن يخرجنا من السواد.. وحده النور قادر على ذلك..! كما لا يمكن للحقد أن يخرجنا من الحقد، وحدها المحبة قادرة على ذلك.."

يتراءى لنا مارتن لوثر كينغ ونحن ننظر إلى واقع الجالية العربية في أميركا أو كندا حيث كلما نجح البعض منا في عمل أو مشروع واستطاع أن يجمع بعض المال تأخذ به النشوة والتخمة إلى التخلي عن بني قومه وعن دوره النضالي والمطالبة بالحق العربي، في فلسطين ولبنان والعراق وسائر الأقطار الأخرى، ويكتفي بأن يطبّل بطبول الأقوياء وأن يزمّر بمزاميرهم حتى ولو كان هؤلاء يطالبون بإلغاء حق العودة واستمرار الحصار على العراق وإفناء كل نسمة حيّة عربية.

كم نحن بحاجة إلى مارد عربي يطلع من رحم القضية فيرفع السوط عن أجسادنا ويرسم الطريق لأولادنا ويعلن قيام الضمير في أعماقنا..

هل من مارتن لوثر كينغ عربي الهوية..؟

السلوكية الأميركية..

2001/1/24

تتجّه أنظار العالم في هذه الأيام إلى "متولي" البيت الأبيض الجديد جورج بوش الذي أعطى التعليمات إلى معاونيه، قبل الانتقال إليه، لإجراء التغييرات اللازمة في مقر الرئاسة الأميركية وغسل البيت من نتونات الرئيس السابق بيل كلينتون وما رافقها من تجاوزات مسلكية وفضائح أخلاقية وإجراءات تعسفية بحق كثيرين من الموظفين العاملين فيه مشدداً على التمسك بأعلى المقاييس الأخلاقية والقانونية في التعاطي مع الشؤون الداخلية والخارجية.

وتنفيذاً لتعليمات الرئيس يقول وزير الخارجية كولن باول، وهو صديق حميم لعائلة بوش، إنه سيشدد على نشر قيم الديمقراطية والحرية في العالم من موقعه القوي مشيراً إلى أن قوة الولايات المتحدة السياسية والاقتصادية والعسكرية تمكنه من أداء الدور بشكل فاعل يؤثر فيه على جميع شعوب العالم.

أما بالنسبة للمفاوضات الجارية حالياً في "طابا" بين الفلسطينيين والاسرائيليين يقول باول أنه طلب من السفراء الأميركيين في المنطقة متابعة الوضع عن كثب وإطلاعه على مجريات الأمور مؤكداً عدم اشتراك الولايات المتحدة بها لأنها تعتبر محادثات خاصة بين البلدين.

وفي هذا المجال نورد التساؤلات التالية:

أولاً: هل أن توجيهات الرئيس الأميركي وتصريحات وزير خارجيته بنشر قيم الديمقراطية والحرية في العالم تعني التخلي عن دور "العرّاب" في ملف السلام المفتوح بين الفلسطينيين والاسرائيليين؟. ومن المعروف أنه من خلال هذا الدور استطاع كلينتون أن يضمن تفوّق إسرائيل النوعي، في جميع مجالاته، ليس على السلطة الفلسطينية وحسب وإنما على العالم العربي بأسره؟.

ثانياً: هل نشر قيم الديمقراطية والحرية في العالم سيطال حقوق الانسان العراقي وينهي الحصار المفروض على العراق منذ عشر سنوات فيوقف معه النزف المستمر في الأرواح والموارد؟.

ثالثاً: هل نشر قيم الديمقراطية والحرية في العالم سيضمن حق العودة للشتات الفلسطيني ويوقف التحديات الاسرائيلية بالتوسع وإقامة المستوطنات ويرفع بالتالي الضغوطات المفروضة على سورية ولبنان؟.

من البديهي القول أن بوش لن يتمكن من هذه الاجراءات حتى ولو كان راغباً فيها، ذلك أن السلوكية الأميركية، التي باتت معروفة لدى الجميع، ولو أجازت التغيير في الداخل بنسبة محدودة، لا تسمح قطعاً بإجراء تغيير جوهري في السياسة الخارجية.

بقي أن يدرك العرب هذا الأمر قبل أن يدخلوا في متاهات الخطابات الجديدة فيحملوا إلى الرئيس الجديد ورقة عمل من وحي "الديمقراطية والحرية" المطروحتين، ربما يحصلون على ما ليس بالحسبان.

مكسر عصا الأميركان..

2001/2/21

تأتي ضربة العراق المفاجئة التي نفذتها مؤخراً الولايات المتحدة الأميركية بالاشتراك مع بريطانيا، حليفة الارهاب الدولي، لتؤكد ما كتبناه منذ شهر تقريباً في مقالة بعنوان "المزايدة الأميركية" حول تولي بوش لمنصب الرئاسة الأميركية والتدابير التي سيتخذها، بعد مهزلة الانتخابات الأخيرة، لتثبيت رئاسته واستمالة جميع الشرائح الاجتماعية التي يتألف منها المجتمع الأميركي.

ويأتي في طليعة الأولويات التي أعدتها الادارة الأميركية الجديدة، العمل على إرضاء الرأي العام اليهودي لكسب مزيد من الأصوات حتى ولو كان هذا العمل ضرب العراق وقتل أطفاله وتشريد أهله. والطريف بالأمر وما يدل بوضوح على استخفاف الغرب بالعقول العربية، التعليق الذي جاء على لسان جورج بوش وتناقلته وسائل الاعلام بأن قصف العراق الأخير ليس إلا ضربة وقائية روتينية. وقد جاء قوله هذا ليبرر التعديات الوحشية على العراق التي قامت بها أسراب الطيران الأميركي المتمركزة في الخليج العربي.

وكأن جورج بوش الابن، الذي شعر بهزالة كرسيه يوم تسلم الرئاسة الأميركية، يعمل على تذكير اليهود بحرب الخليج التي بدأها جورج بوش الأب منذ عشر سنوات والتي نجم عنها حصار العراق حتى يومنا هذا. وبدلاً من أن يبذل الجهد عملاً بشرعة

حقوق الانسان، لايجاد الحل اللائق برفع الحصار عن شعب العراق ووقف النزف البشري المستمر هناك من جرائه (وتشير الاحصاءات إلى موت 4500 طفل شهرياً بسبب المرض والجوع)، راح يقصف العراق بحجة تلقين درس لصدّام حسين ليؤكد السير على خطى أبيه فيكسب بالتالي رضى اليهود في أميركا وإسرائيل والعالم وتستقر كرسي الرئاسة التي يجلس عليها.
ولكن النتائج هذه المرة لم تكن على ما يشتهي بوش، ووزير خارجيته كولن باول الذي أعلن يوم تنصيبيه بأنه يجب استمرار الحصار على العراق وتوجيه ضربة عسكرية لوضع حد لتمرّد صدّام حسين. لقد بات العالم يميّز بين ضرب صدّام حسين والتنكيل بالشعب العراقي هذا فضلاً عن أن الضربة تعزز من مكانة صدّام إقليمياً ودولياً والدليل على ذلك استنكار الدول الأوروبية والآسيوية وبعض العربية للوسيلة "الوقائية" التي استخدمتها الادارة الأميركية والتي ليس لها ما يبررها.

ومهما قيل هذه المرة في العدوان على العراق، إلا إن هناك بعض الايجابيات التي تتلخص بمواقف الدول الكبيرة ويجب الاستفادة منها ما أمكن بتعزيز العلاقة معها واستغلال موقفها من أميركا لتوظيفه في خدمة القضية العربية.
إنها الفرصة المؤاتية لشرح الموقف العربي في الوظيفة السياسية والبعثة الدبلوماسية وبآلية عربية واحدة قادرة على الحوار والاقناع. فهل تقوم هذه الآلية فيفهم العالم ومن ورائه أميركا بأن العراق ليس مكسر عصا الأميركان..؟

من "لورانس العرب".. إلى "بوش العرب"

2001/3/7

احتفلت دولة الكويت منذ أسبوعين بالذكرى العاشرة لتحرير أراضيها من "الغزو العراقي" بحضور "بطل التحرير" جورج بوش الأب، الذي كان رئيساً للولايات المتحدة الأميركية آنذاك، وقد أحيط بحفاوة رسمية وشعبية قلّ نظيرها.

وتزامن هذا الاحتفال مع قصف الطيران الأميركي للعراق بأمر من الرئيس بوش الابن بدون سبب أو سابق إنذار، وقد برّر فعله هذا بكل بساطة وسذاجة، قائلاً أنها "ضربة وقائية روتينية" تقتضيها ظروف "الاقامة الدائمة" للقوات العسكرية الأميركية المتمركزة في الخليج العربي. أضف إلى ذلك قيام وزير خارجيته كولن باول، في الوقت ذاته، بجولة في المنطقة لتحصين الموقف الأميركي الداعم لاسرائيل والمعادي للعرب والمصالح العربية وإن كانت المظاهر تشير إلى خلاف ذلك.

والملفت للانتباه، في مستهل عهد الرئاسة الأميركية الجديدة، أن بوش الابن بدأ سياسته الشرق أوسطية حيث انتهى بوش الأب، أي بتطبيق الخطة الرامية إلى تقسيم الكيانات العربية في المنطقة الشرقية تمهيداً للاستيلاء عليها، في محاولة لتحقيق الحلم الأميركي بالسيطرة على القرار الدولي بعد أن تُحكم السيطرة على آبار النفط العربية. وبالرغم من أن الخطة ليست بالجديد من نوعها إلا أنها كانت غير ممكنة التنفيذ في زمن الاتحاد السوفياتي الذي كان ينافس الولايات المتحدة على مناطق النفوذ في العالم.

وقد سبق لبريطانيا أيضاً أن لعبت ذات الدور في مطلع القرن العشرين عندما أرسلت جيوشها إلى المنطقة العربية بقيادة الجنرال "اللنبي" بحجة مساندة الثورة العربية ضد الأتراك وفرزت أحد ضباطها "لورانس" ليحارب إلى جانب الثوّار فيدخل الثقة إلى نفوسهم ويجعلهم يصدقون الادعاء بأن قواته تعمل من أجل المصلحة العربية. وقد نجحت الخطة واطمأن العرب إليه إلى حد لقبوه آنذاك بـ "لورانس العرب".

ويكاد بوش الأب أن يلقب اليوم بـ "بوش العرب" تيمّناً بـ "لورانس العرب" لشدة "حبه وولائه" للكويت وهو الذي صرّح مراراً أن الحرب ضد العراق كانت من أجل تحرير الكويت حفاظاً على استقلالها وحق شعبها في تقرير المصير. وكان ولا يزال يظهر أمام الرأي العام الدولي بدور العرّاب أو الوصي المدافع عن حقوق المستضعفين الداخلين في وصايته. ومن المؤسف القول أن الخديعة التي جاءت بلورانس البريطاني إلى المنطقة العربية، في مطلع القرن العشرين، وانكشفت أسرارها فيما بعد، لا تزال صالحة للاستخدام بمجيء بوش الأميركي في مطلع القرن الواحد العشرين وذلك طبعاً بفضل "الإصرار العربي" على التخلف والانهزامية وترك الحبل على الغارب.. فتدور الأيام دورتها ويعيد التاريخ نفسه!.

لقد كان لورانس خبيراً عسكرياً ومستشاراً للقائد العام الجنرال "اللنبي" فيما يتعلق بالثورة العربية وكان يظهر المودة والصداقة للعرب. وجعلهم يصدقون أنه يحارب إلى جانبهم إيماناً منه بقضيتهم وحقهم في الاستقلال. وكان قد طلب من لورانس أن يبقى على اتصال بالأمير فيصل ليجعله مطمئناً للصداقة البريطانية وحسن نواياها ووفائها للعرب وأن يدخل إلى ذهنه أنه كلما أخلص العرب في ولائهم ومساعدتهم لبريطانيا ازداد اضطرارها للوفاء لهم بعهودها وتقديم المزيد من معوناتها.

ويذكر أنه بعد الحرب العالمية الأولى طلب من لورانس مغادرة المنطقة العربية لأن دور الخديعة قد انتهى ليحلّ محلها تطبيق المخطط الاستعماري البريطاني الفرنسي بتقسيم المشرق العربي إلى مناطق نفوذ ثلاث يتولى عليها حكام تابعون للقيادة البريطانية. ولم يكن هذا التقسيم إلا الشروع بتطبيق معاهدة سايكس بيكو التي أصبح أمرها فيما بعد مفضوحاً للجميع.

من لورانس العرب إلى بوش العرب: الأسماء تختلف وكذلك التواريخ ولكن الاسلوب الاستعماري يبقى واحداً..

- بوش الأب هو مستشار بوش الابن كما كان لورانس بالنسبة للجنرال اللنبي.

- أميركا تدخل المنطقة العربية الشرقية بواسطة بوش الأب بحجة الدفاع عن مصالح العرب لتنفيذ المخطط الاستعماري الاميركي - الانكليزي كما دخلت بريطانيا المنطقة ذاتها بواسطة لورانس لتنفيذ المخطط الاستعماري البريطاني - الفرنسي.

والمفارقة الثالثة هي أنه بعد نجاح الخديعة البريطانية وتمركز القوات البريطانية في المنطقة بعد الحرب العالمية الأولى، شرع بتنفيذ المخطط القاضي بتقسيم سوريا إلى ثلاث مناطق وهي فلسطين والساحل السوري والداخل السوري.

أما اليوم، وبعد نجاح الخديعة الأميركية وتمركز القوات الأميركية في المنطقة، فإذا كان للتاريخ أن يعيد نفسه، هل سيُعمل على تقسيم "الأقسام" التي خرجت من التقسيم الأول بفضل "بوش العرب"؟ وماذا سيحلّ بالعرب..؟؟

❖

حج مبرور وسعي مشكور..

2001/5/9

تأتي زيارة البابا يوحنا بولس الثاني "على خطى بولس الرسول" الى بلاد الشام، أرض الحضارات ومهد المسيحية، لتؤكد لشعوب المنطقة بأن السلام الحقيقي لا يتم إلا في إطار المحبة والاحترام. وأن زيارته هذه تمثل القدوة والأمل "في أن يتحوّل الخوف بين شعوب المنطقة الى ثقة ويتحول الازدراء الى احترام متبادل وتتراجع القوة أمام الحوار وتتقدم الرغبة الصادقة في خدمة الخير العام على ما سواها".

وفي الوقت الذي كان البابا يقوم بزرع شجرة السلام في القنيطرة عاصمة الجولان المحتل ويؤدي صلاة السلام في كنيستها المدمرة من قبل الاحتلال، جاء الرد الاسرائيلي على زيارة البابا بالتصعيد السياسي والعسكري في الضفة الغربية وقطاع غزة حيث قامت القوات الاسرائيلية بمجموعة عمليات اقتحام وقصف مركز لمناطق الحكم الذاتي الفلسطيني مما أدى إلى استشهاد ستة فلسطينيين من بينهم رضيعة لا يتجاوز عمرها الأربعة أشهر، بالاضافة إلى عدد كبير من الجرحى، وسط تهديدات لرئيس الوزراء أرييل شارون الذي قال: "لا مهادنة في مكافحة الارهاب التي ستكون حاسمة ومتواصلة. وإن هذه المكافحة ستكون وفقاً لمبادرات سنتخذها بأنفسنا" أي دون أن تكون رداً على اعتداءات معينة من الجانب الفلسطيني. وهكذا يعمل شارون، مرة أخرى، على ذر الرماد في عيون الأسرة الدولية وبوجه قداسة البابا الذي يزور المنطقة، في محاولة عقيمة لإطفاء الشرعية على تعديات

الجيش الاسرائيلي وعملياته الوحشية على الآمنين والعزل من الشعب الفلسطيني في ما أسماها "مكافحة الارهاب".

من جهة أخرى، وفي الوقت الذي يعتبر شارون أن الطريق الوحيد لاستئناف عملية السلام تكمن في المفاوضات المباشرة، ذكرت صحيفة "هآرتس" أن شارون اتخذ قراراً قبل أسابيع يقضي بتكثيف أعمال العنف في الأراضي الفلسطينية تمهيداً لتنفيذ المشروع الجديد القاضي بإقامة مستوطنات جديدة داخل الأراضي الفلسطينية أعدت الميزانية الخاصة لها مسبقاً.. وإزاء المستجدات الحاصلة يمكننا استخلاص ما يلي:

أولا: إن زيارة البابا إلى المنطقة أعطت أهمية كبيرة للقاء الكنائس المسيحية على اختلافها كما فتحت المجال للقاء المسيحيين بالمسلمين خاصة لدى زيارة البابا للمسجد الأموي حيث استقبله وزير الأوقاف الاسلامية ومفتي سوريا وحشد من رجال الدين المسلمين والمسيحيين.

ثانياً: التأكيد على رسالتي المسيحية والاسلام الداعيتين إلى المحبة والسلام فيما يخدم الوحدة والتكامل في مواجهة المصير الواحد.

ثالثاً: ضرورة الوقوف صفاً واحداً بوجه الاحتلال الاسرائيلي الذي لم تتوقف يوماً أهدافه التوسعية على حساب المواطنين الآمنين في لبنان وسوريا وفلسطين رغم قرارات الأمم المتحدة وتوصيات الدول الصديقة وتبرئة البابا لليهود من دم المسيح.

رابعاً: ضرورة بدء الحوار الايجابي لتوحيد الموقف وإزالة كل الاشكالات العالقة تمهيداً لوضع تصور عام وشامل في مواجهة الأخطار التي تهدد المشرق العربي من جراء التعديات الاسرائيلية والدعم الأميركي للدولة العبرية.

خامساً: الاستفادة من الصراع الاسرائيلي الداخلي القائم حالياً بين شارون ومعارضيه، بدعم الانتفاضة الفلسطينية وحق الشعب المشروع في الدفاع عن أرضه وحق العودة.

سادساً: تكثيف العمل الدبلوماسي وشرح الحق العربي في الخارج والاستفادة من هزيمة أميركا مؤخراً في الأمم المتحدة حيث فقدت مقعدها في المجلس الدولي للرقابة على المخدرات بعد أن خسرت مقعدها قبل أيام في مفوضية الأمم المتحدة لحقوق الانسان. والواضح أن في هذه الهزيمة مؤشراً هاماً على تراجع التأثير الأميركي في السياسة الخارجية.

إننا في استخلاصنا لهذه النقاط،، إنما نشارك قداسة البابا صلاته من أجل السلام القائم على العدل، وبغيره فنحن غائبون ومغيّبون. وإذا لم نعمل على تحقيق الخطوات العملية المؤدية لهذا السلام، لن تأخذ زيارة البابا إلى المنطقة البعد التاريخي ولن تتحقق الغاية المرجوة منها. لذا سنردد مع المؤمنين المتفائلين بانتظار ما سيكون.. "حج مبرور وسعي مشكور".

❖

خطة "العرّاب" ومبادرة "الوصي"

2001/7/25

تتابع إسرائيل عرقلة المساعي الدولية التي تسير في أكثر من اتجاه لوضع حد للتدهور الحاصل في المنطقة، رغم الاعلان عن وقف النار وأعمال العنف والتصعيد العسكري على الساحة الفلسطينية ورغم انشغال العالم بإيجاد التسوية الملائمة بالنسبة للمراقبين الدوليين، التي بدأت ـ أي التسوية ـ تشكل مشكلة أخرى تضاف إلى المشاكل العالقة بين إسرائيل والفلسطينيين وتعطي لإسرائيل ذريعة جديدة لمتابعة أعمال العنف والقتل ومواصلة التعديات على المواطنين العزل نساء وأطفالاً وشيوخاً.

ففي شريط أحداث اليومين الماضيين قامت وحدة خاصة من حرس الحدود الاسرائيلي باغتيال ناشط فلسطيني يدعى مصطفى ياسين بالقرب من جنين وادعى مصدر في الشرطة الاسرائيلية أنه قتل أثناء محاولته الفرار. ويشتبه المصدر في أن يكون ياسين وراء العملية الاستشهادية التي أحبطت قبل يومين في يافا.

وذكر شهود عيان أن فتى فلسطينياً قتل برصاص جنود إسرائيليين تعرّضوا للرشق بالحجارة في قطاع غزة، إلا أن الفتى لم يكن بين جمهور المراشقين ولكن صادف مروره من هناك عندما أصيب بطلق ناري في الظهر.

وفي الليلة ذاتها أصيب طفلان في الرابعة والخامسة من العمر برصاص جنود الاحتلال وهما في منزلهما بالقرب من رام الله. أضف إلى ذلك أعمال القصف بالرشاشات الثقيلة وقذائف الدبابات التي تقوم بها إسرائيل على المواقع الفلسطينية من دون أن تكون هناك أسباب موجبة لذلك، إلا أنها تدابير وقائية تستخدمها بين الحين والآخر لخلق أجواء التوتر والارهاب و"الاصطياد في الماء العكر".

يجري كل هذا في مرحلة وقف إطلاق النار والتفاوض غير المباشر على إيجاد الأرضية الصالحة لاستئناف "حوار السلام" بدءاً بصيغة ترضي الطرفين لنشر المراقبين الدوليين على الحدود التي باتت تشكل اليوم عنواناً لصراع حقيقي بين سلطة الاحتلال والانتفاضة الفلسطينية. ذلك أن الفلسطينيين يوافقون على المراقبين الدوليين بينما تتشدد إسرائيل وتصرّ على أن يكون المراقبون أميركيين وتحديداً عناصر من وكالة الاستخبارات المركزية الـ "سي. آي. إي".

ويأتي إصرار إسرائيل على نشر مراقبين أميركيين في الأراضي الفلسطينية وكأنه إعلان لخطة اتفق عليها مسبقاً مع أصحاب الشأن والأمر بتوجيهات "العراب" الأميركي ومباركة "الوصي" الأوروبي.

يقول خافيير سولانا، الممثل الأعلى للسياسة الخارجية والأمن المشترك للاتحاد الأوروبي في لقاء صحافي في بيروت، حول هذا الموضوع: "إن طلب إسرائيل نشر مراقبين أميركيين وليس دوليين لا يشكل مشكلة للاتحاد لأن المهم هو تأمين حضور مستقل على الأرض. والاتحاد لا يقف عند جنسية المراقبين شرط أن يحظوا بثقة الطرفين". ويضيف سولانا: "الوضع في المنطقة صعب للغاية وإن وقف النار هشّ وبالتالي يجب بذل كل الجهود

لتثبيت وقف إطلاق النار والانطلاق إلى مرحلة الهدوء مشيراً إلى وجود خريطة لدى الاتحاد الأوروبي لانتشار المراقبين وافق عليها الجانبان المعنيان ـ أي الإسرائيلي والفلسطيني ـ وقبل بها الأمين العام للأمم المتحدة والولايات المتحدة الأميركية ومصر والأردن".

يستدل من التصريحين الاسرائيلي والأوروبي واللذين جاءا في يوم واحد على أن ثمة خطة قد أقرّتها مجموعة الثماني في اجتماعها الأخير، كلف سولانا على الأثر القيام بجولة إلى المنطقة لشرح المبادرة الاوروبية والعمل على تنفيذ الخطة الموضوعة بآلية سياسية ودبلوماسية. وتبقى الأسئلة التي تحتاج إلى أجوبة كثيرة ومنها:

أولاً: لماذا الاصرار الاسرائيلي على أن يكون المراقبون في فلسطين من التابعية الأميركية وتحديداً من عناصر الاستخبارات المركزية..؟ مع العلم أن الولايات المتحدة لم تبدِ (ولو ظاهرياً) الموافقة على هذا الطلب بحجة عدم رغبتها في توريط أجهزة مخابراتها في أعمال المراقبة.

ثانياً: لماذا يتبنى الاتحاد الاوروبي التعنت الاسرائيلي في طلب كهذا ويقدم له الغطاء الدبلوماسي بتصريح سولانا الذي لا يرى بجنسية المراقبين الدوليين مشكلة. فالمهم لديه هو تأمين حضور مستقل على الأرض يرضى به الطرفان..؟؟

فإذا كان وجود مراقبين أميركيين ـ دون سواهم ـ لا يشكل للاتحاد الاوروبي مشكلة (وهذا ما نفهمه). غير أنه يشكل مشكلة كبيرة للشعب الفلسطيني. فهل يقبل الجانب الفلسطيني "نتيجة ضغط أوروبي" بمراقبين أميركيين؟؟.

ثالثاً: إذا كان الأمر بالسهولة التي أعلنها سولانا وأن هناك اتفاقاً على خريطة انتشار المراقبين من قبل إسرائيل وفلسطين والولايات المتحدة والأمم المتحدة ومصر والأردن. فلماذا لم

توضع الخطة موضع التنفيذ فتضع حداً للاستهتار والاستعلاء الاسرائيليين وتوفر بالتالي سقوط المزيد من الضحايا من الأطفال والأبرياء..؟؟

يتابع سولانا جولته في المنطقة وفي جعبته "حلول دبلوماسية" لجميع المشاكل العالقة ومنها الجنوب اللبناني ومزارع شبعا والانتفاضة الفلسطينية عله يحدث وقعاً مختلفاً في سجل تاريخ المنطقة وإلا سيكون شأنه شأن من سبقه إلى زيارة المنطقة في مبادرات للسلام اقتصرت على زيارة "الأماكن المقدسة" والعودة من حيث أتى.. إلى "غير رجعة".

من "الأقصى" إلى "دوربان" ومزيد من المكاسب..

2001/9/5

منذ قيام الانتفاضة الفلسطينية في شهر أيلول من العام الماضي ونحن نراقب ونترقب. ماذا عساه يكون الموقف العربي إزاء الحرب المصيرية الدائرة في الشرق الأوسط التي باتت تهدد المنطقة بأسرها بعد إصرار إسرائيل، بقيادة شارون، على مواصلة العربدة فوق أنقاض التفسخ العربي واستمرار التحدي السافر للارادة الدولية. وماذا عساه يكون الموقف العربي من الولايات المتحدة الأميركية الحاضنة لاسرائيل والداعمة لتعدياتها العنصرية ضد الشعب الفلسطيني والشعوب العربية الأخرى.

ففي كل جولة من جولات العنف والتعدي، تبدو النوايا الاسرائيلية جلية في التوسع والاستيطان على حساب الأرض العربية حتى لو اضطرها ذلك إلى قتل الأطفال والأبرياء واغتيال القادة المناضلين في فصائل المقاومة.. وإن دلّ ذلك على شيء، فعلى الاستعلاء الاسرائيلي الذي لم يعد يعرف حداً رادعاً وسط صمت عربي رهيب مشجّع على المزيد من أعمال العنف والارهاب والابادة.

يرى البعض أن السبب في تفاقم الأمور يعود إلى وجود أرييل شارون على رأس السلطة الاسرائيلية، وهو المعروف بتصلبه وعناده ولجوئه إلى العنف لحسم مواقفه. كذلك إلى الادارة الاميركية الحالية الممثلة بالرئيس جورج بوش الابن الذي بالغ بتعاطفه مع الموقف الاسرائيلي وأعطى الضوء الأخضر لشارون لمواصلة النهج العدائي للانتفاضة، خاصة في موقفه الأخير بعد اغتيال أبو علي مصطفى، إذ رفض الدخول في مواجهة مع

إسرائيل لاستخدامها أسلحة أميركية دفاعية في أعمال هجومية عدائية، رغم اعتراضات تلقاها من أعضاءٍ في الكونغرس الأميركي. وكأنه في هذا الموقف يعمل على تأمين الغطاء القانوني والسياسي للمارسات العدائية الاسرائيلية.

فإزاء هذا الواقع ـ الحقيقة، هل نوجّه اللوم إلى شارون الذي يعمل على تحقيق الأحلام الاسرائيلية أم إلى بوش الذي يعمل على تأمين الحماية للمصالح الأميركية في المنطقة العربية؟ فمهما قيل في شارون أو في بوش، فلا يغيّر هذا شيئاً في الحقيقة التي أدركها "المعتدي" ولم يدركها بعد المعتدى عليه "القاصر".
قد يكون بوش الابن مشوش الذهن سطحي الرؤية ويحمل أفكاراً سخيفة كما يصوّره الأميركيون أنفسهم أو أنه "إرهابي" بدرجة متقدمة كما يصوره أعداؤه، غير أن الذي يتحكم بالقرار الأميركي فهو ليس بوش ـ الفرد، وإنما تركيبة الإدارة الأميركية بما تحوي من أجهزة مختلفة وتشكل آليتها التنفيذية. وهذه أكبر بكثير من بوش ومن أي رئيس يتسلم الادارة الأميركية. ثم ولو سلمنا جدلاً بمنطق هذا القول، فماذا فعل زعماء العرب لمواجهة الاعتداء الذي يمارسه "الارهابي" ويدعمه "الغبي" وهم المتربعون على عروش "الحكمة والكمال"..؟؟

كان لا بد لأول الغيث أن يأتي من "دوربان" اليوم حيث ينعقد مؤتمر الأمم المتحدة لمكافحة العنصرية والذي يشارك في أعماله 153 دولة وقد حقق فيه العرب نصراً مبيناً (برميةٍ من غير رامٍ) إذ تبنّت ثلاثة آلاف منظمة من سائر أنحاء العالم بياناً يصف إسرائيل بأنها "دولة تفرقة عنصرية تمارس الابادة الجماعية"، رغم التهديدات الأميركية والاسرائيلية باتخاذ خطوات ضد المؤتمر إذا لم تشطب العبارات المناوئة لإسرائيل.

وكأني بمنبر الأمم المتحدة في "دوربان" يتحوّل إلى محكمة للعنصرية والممارسات غير الانسانية وقد ندّد عدد من الرؤساء وكبار المشاركين، بمن فيهم أميركيون، بالاعمال الاجرامية التي ترتكبها إسرائيل ضد الشعب الفلسطيني. كما هاجم الرئيس الكوبي فيدل كاسترو الولايات المتحدة لأنها تسعى إلى عرقلة أعمال المؤتمر ووصف الممارسات الاسرائيلية بأنها "إبادة جماعية ضد أخواننا الفلسطينيين".

هذه الثورة البيضاء التي أطلقها مؤتمر دوربان بوجه الولايات المتحدة الأميركية وإسرائيل خير دليل على امتعاض العالم من سياسة الاستخفاف الأميركية وممارسات إسرائيل العنصرية التي "طفح معها الكيل" وجعلت الأسرة الدولية تعيد حساباتها وتحذو خطوة جريئة لا رجوع عنها وهي إقصاء الولايات المتحدة وعزلها عن موقع القرار الدولي واستبعاد إسرائيل وإدانتها لسلوكها العنصري ضد الشعب الفلسطيني. وهذا الموقف الصريح دفع الدولتين المعنيتين إلى الانسحاب من المؤتمر بقرار واحد أذيع بوقت واحد في كل من واشنطن والقدس المحتلة.

إنها المرة الأولى التي يقف فيها العالم بشبه الاجماع، وبإدانة صريحة ضد سياسة الولايات المتحدة وإسرائيل وبتعاطف كامل مع القضية العربية. وقد ينذر ذلك بأزمة دولية لا تحمد عقباها وقد كانت الولايات المتحدة حتى الأمس القريب تعتبر الأمم المتحدة أداتها الطيّعة لتمرير قراراتها الدولية.

إن هذه الأحداث المتلاحقة تصب في مصلحة الانتفاضة الفلسطينية إذا عرفنا كيف نتعاطى معها وكيف نوظفها في خدمة أغراضنا القومية. فليست فلسطين وحدها المعنية بالاعتداءات الاسرائيلية المتكررة بل المشرق العربي بأسره، بإنسانه وأرضه وموارده، وفلسطين هي بوابة هذا المشرق.

مرحلة اليوم، هي أدق المراحل وأصعبها، بعد أن اقتنع العالم بالحق العربي ووصف الممارسات الاسرائيلية ـ الاميركية بالتعديات العنصرية. إنه الوقت المناسب ليخرج كل العرب من خلف ستائر الخجل في مواكبة القرار الدولي الذي يعترف بحقهم ويندّد بالمعتدي عليهم. علينا جميعاً أن نواجه المرحلة بشيء من الصبر وبمزيد من التلاحم وبكثير من التروي والحكمة علنا نحافظ على الموقع الجديد داخل الأسرة الدولية فنوظف مقررات "دوربان" في خدمة "انتفاضة الأقصى" المضيئة فنعطي للذين قضوا في ساحات الشرف معنى كبيراً لاستشهادهم من أجل أن يصان الحق و ينتصر الوطن..

انتفاضة الأقصى أعطت مدينة "دوربان" بعداً إنسانياً سيتردد على كل لسان وشفة.
فمن "الأقصى" إلى "دوربان" ومزيد من المكاسب.! علنا نتعظ ونتحرك.. فنتحرّر.

المواجهة الحضارية..

2001/10/11

مرة أخرى يقف العالم ليشاهد ويتأمل ماذا يحدث على أرض فلسطين من انتهاكات وتعديات للحريات وممارسات وحشية على الشعب من قتل وفتك ودمار على أيدي قوات الاحتلال الاسرائيلية التي غالباً ما تكون ضحاياها من الأطفال الأبرياء والنساء والشيوخ. ومع كل تعدّ على الأرض المقدسة يطالعنا أطفال الحجارة بانتفاضة شجاعة ليذكروا العالم أن الكرامة العربية لن تنتحر ولن تخمد نيرانها، بل إنها تتغذى من الآلام والأحزان..
ومرة أخرى يقف الانسان العربي مذهولاً أمام شراسة العدو واعتداءاته المتكررة من ناحية، وسكوت الأسرة الدولية من ناحية أخرى.. وكأن إنساننا غير معني بحق الحياة وتقرير المصير إسوة بغيره من الشعوب أو أنه غير معني بشرعة حقوق الانسان التي تتعامل الدول على أساسها اليوم في كل توجه إعلامي واقتصادي وسياسي.
وأقول الانسان العربي لأنه هو المستهدف في النهاية شأنه في فلسطين كما في العراق ولبنان أو أية بقعة عربية أخرى ذلك أن المنظار الغربي لا يفرّق بيننا وإن كنا، نحن العرب، نقيم لأنفسنا وفيما بيننا الفوارق والتمايز في الحدود والهوية والانتماء..
وتأتي الأحداث المتلاحقة لتؤكد أن بدعة السلام التي تطلقها إسرائيل ليست إلا "لذرّ الرماد في العيون" والخروج أمام الرأي العام العالمي بمظهر الحمل الوديع، في كسب للوقت، حتى تهيئ الفرصة الملائمة لشن عدوان جديد تحقق فيه بعض المكاسب

وتتبدل معه المعايير والظروف والعودة في كل مرة إلى نقطة الصفر.

من هنا كان علينا أن نتعاطى مع المرحلة بتيقظ وحذر وألا نسمح للانفعال أن يتمادى ولردّات الفعل أن تخرج عن المنحى الايجابي. فلم تعد مناورات العدو خافية على أحد وعلينا أن نسخر كل الايجابيات لخدمة قضيتنا الكبرى التي باتت قضية وجود أو لا وجود.

إن الذي يحصل على أرض فلسطين لم يكن وليد الصدفة أو نتيجة لحادثة فردية، بل إن هناك خطة تلوح في الأفق لضرب الارادة الفلسطينية وفرض السلام الاسرائيلي الذي لا يختلف عن الاحتلال بشيء، إلا أنه يرتدي حلة جديدة مختلفة. وهذا الأمر بات مصدراً لقلق الفلسطينيين والعرب معاً لأنهم يعيشون جميعاً في دائرة الخطر ذاتها ولأنهم زحفوا إلى السلام دون أن يدركوا أنه حصار لهم واستهلاك لطاقاتهم واستنزاف لمواردهم.

فهل من مواجهة جريئة نوقف معها النزف والانحلال..؟؟

هل نرتقي الخطوة..

2001/12/19

في كل مرة يتدهور الوضع الأمني في منطقة الشرق الأوسط وخاصة في الأرض المحتلة، نشعر بخيبة الأمل ونتألم لسقوط العشرات من الأطفال والشيوخ العزّل وندرك كم نحن بحاجة إلى إعادة القراءة لواقع الأمور وتقييم المواقف على ضوء الأحداث والمستجدات بالمقارنة مع الثوابت الواقعية والتاريخية للفلسطينيين والأرض الفلسطينية.

ففي التعديات المستمرة التي تمارسها إسرائيل على أبناء الشعب الفلسطيني في المناطق المحتلة وداخل مناطق الحكم الذاتي خير دليل على النوايا الاسرائيلية التي باتت واضحة للجميع. فهي تهدف في العمق إلى المزيد من الحصار والتجويع والتهجير للسيطرة على المواقع الهامة الأساسية ومنع قيام الدولة الفلسطينية ومنع فلسطينيي الشتات من العودة إلى أرضهم..

وهذا الأمر ليس بالجديد، وإن كان البعض يخالفنا الرأي وقد راهن في وقت من الأوقات على تبدل في الذهنية الاسرائيلية أو في السياسة التي تنتهجها.. فقد كانت إسرائيل تعود بعد كل جلسة مفاوضات (من أجل السلام المزعوم) إلى خرق الاتفاقيات وافتعال الأزمات الأمنية حتى إذا ما تحركت الانتفاضة بوجهها اتهمت عناصرها "بالتخريب والارهاب" فتكسب الرأي العام العالمي الذي يميل إلى سياستها العنصرية حتى دون تقديم البراهين والذرائع. وقد استطاعت بفعل هذه السياسة أن تجرّ الادارة الأميركية إلى تبنّي مواقفها ودعمها وتسليحها وزيادة المخصصات المالية لها، إلى أن جاء مؤتمر "دوربان" في جنوب أفريقيا حيث حضرت

مؤسسات أهلية من جميع أنحاء العالم فاق عددها الثلاثة آلاف لتجمع على أن إسرائيل تمارس سياسة التمييز العنصري ضد الشعب الفلسطيني بالأساليب الارهابية. وكانت الادانة الكبرى لإسرائيل ومن ورائها الولايات المتحدة الأميركية، هذه الادانة التي جعلت الدولتين الاثنتين تضطران إلى الانهزام والانسحاب من المؤتمر.

وهذه الصفعة المفاجئة جعلت إسرائيل تستفيق على حقيقة لم تكن مدرجة في حساباتها وهي أن الرأي العام العالمي بدأ يتفهم حقيقة ما يجري في فلسطين ولم يعد يأخذ بالشائعات التي يطلقها الاعلام الاسرائيلي. وإن العالم بات ينظر إلى النزاع القائم على أنه بين وجودين "فلسطيني" و"إسرائيلي" بعد أن كانت إسرائيل تستأثر وحدها بالأضواء في اهتمامات العالم. وهذا ما جعلها تزيد في حقدها وتعدياتها على الشعب الفلسطيني في قتل الأبرياء وتدمير المنشآت بحجة ضرب "الارهابيين"، علها بذلك تعيد إلى ذاكرة العالم أنها الضحية التي تقتص من الجلاد فتعيد الثقة التي أضاعتها في "دوربان".

إن الذي يحصل على الأرض الفلسطينية اليوم من قتل وتشريد وانتهاكات يكشف القناع عن وجه الارهاب الاسرائيلي المنظم علماً إن هذه الممارسات، كما ذكرنا ليست بالجديدة، تتكرر منذ تأسيس الدولة العبرية وليس هنالك ما يشير إلى احتمال التوصل إلى سلام حقيقي يعترف بالحقوق الفلسطينية الأساسية في إقامة الدولة المستقلة أو السيادة على الأرض أو حق تقرير المصير أو حق العودة، أما مفاوضات السلام التي استقبلها العالم بالتهليل والترحيب، فلم تكن سوى شكل من أشكال الهدنة استغلتها إسرائيل لتقيمها فاصلاً بين جولة وأخرى.

إننا بحاجة اليوم أكثر من أي وقت مضى إلى إعادة قراءة الواقع الذي يتبدل كلما عصفت بالمنطقة جولة عنف جديدة. فإن توقيت

الجولة الأخيرة والزعم بضرب "الارهاب الفلسطيني" تغطيه الحرب الدائرة في أفغانستان والمسماة بالحرب على الارهاب وقد باركتها كل أنظمة العالم.
لقد عرفت إسرائيل كيف تسخر المستجدات في العالم لخدمة أغراضها وجعلت الرأي العام ينظر إلى حربها على مناطق السلطة الفلسطينية كنظرته إلى حرب أميركا على أفغانستان.

اليوم وبعد سقوط منطق الاستسلام للأمر الواقع ونجاح خيار المقاومة، في لبنان كما في فلسطين، علينا أن نتعرّف عن كثب على طبيعة العدو وقراءة مخططاته وكيفية التعامل مع الأحداث وكيفية تحريك الأوراق والاستفادة من كل حدث فيما يخدم قضايانا. والمقاومة ليست، في أي حال من الأحوال، عملاً إرهابياً، بل هي حق تعترف به كل شعوب الأرض لكنه يتحوّل عن مجراه إن لم يستخدم بالشكل والوقت الملائمين. من هنا على القوى الفلسطينية المختلفة بما فيها السلطة التي تحاور من أجل السلام والقوى التي تعارض اتفاقات السلام، أن تسعى للتنسيق فيما بينها لأن الواحدة تشكل عنصر قوة للأخرى وتضامنها مع بعضها البعض يقيم الحاجز المنيع بوجه المطامع الاسرائيلية. فلا يجوز أن ينعت بالرضوخ والاستسلام كل من حاور ولا أن يعتبر معرقلاً للسلام كل من ناضل، وبالتالي الرضوخ للشروط الاسرائيلية والدخول في عمليات قمع واعتقال وتعذيب.
وثمة ناحية مهمة جداً في القراءة الجديدة وهي التصدّي لمحاولات طمس الحقائق بقيام حركة ثقافية حضارية تبرز تاريخ الشعب الفلسطيني وتدحض مزاعم الذين يحاولون التأكيد "عبر أجهزتهم الاعلامية" على أن فلسطين لم تكن موجودة وأن الشعب الفلسطيني لم يكن موجوداً عند قيام دولة إسرائيل وكأنهم بذلك يريدون تبرئة اليهود من اغتصاب الأرض ومصادرة حقوق أصحابها. هنا تبرز

أهمية الاعلام في هذا المجال. اليوم وقد انفتح العالم على بعضه البعض عبر القنوات الفضائية والانترنت، أصبحت الحاجة ملحة للانتاج الاعلامي بحيث يتم جمع التراث الفلسطيني ونشره بالكلمة والصورة والوثائق والأرقام ومواجهة الادعاءات الاسرائيلية بالحجج والبراهين الثابتة. لم يدرك العالم بعد حقيقة الوضع القائم في فلسطين حتى بعد مرور ثلاثة وخمسين عاماً على قيام دولة إسرائيل.

أثارني منذ أيام أحد مقدمي البرامج التلفزيونية في الولايات المتحدة الأميركية ويدعى "بيل ماهر"، وكان قد استضاف في برنامجه أربعة أشخاص إثنان منهم من أصل عربي، في ندوة حول الصراع الفلسطيني الاسرائيلي. وقبل أن يبدأ الحوار معهم، حمل خريطة للعالم العربي وطلب من المصوّر أن يركز الكاميرا عليها. وأخذ يشرح لجمهور الحاضرين والمشاهدين عن المساحات الكبيرة الخالية من البلاد العربية والتي تتسع بسهولة لما لا يقل عن أربعماية مليون نسمة، ثم أشار إلى نقطة صغيرة في الوسط كتب عليها فلسطين. فنظر إلى الجمهور بابتسامة ساخرة وقال: تصوّروا.. أربعماية ألف لاجئ فلسطيني في العالم يريدون العودة إلى هذه النقطة (فلسطين) في وقت أن العالم العربي يتسع لأكثر من عددهم بكثير. فلو أجمع العرب على توطينهم في هذه الأراضي الشاسعة لفض النزاع في الشرق الأوسط وانتهت الحرب. ضحك من القلب وصفق له جمهور الحاضرين. ثم انتقل إلى المشتركين في الندوة وسألهم عن تعليقاتهم. وكان أول المتكلمين شاب أميركي فلسطيني الأصل فردّ على الفور: لا أرى ما يبرر الضحك أو التصفيق في كلام غير مسؤول عن مأساة الشعب الفلسطيني!. فهؤلاء المعنيون يطالبون بالعودة إلى أرضهم فلسطين.. فهل تريدونهم أن يتخلوا عن حقهم في أرضهم ليغتصبوا أرض الآخرين، كما فعل يهود العالم..؟

بهذه الصورة يتلقى الغرب المسألة الفلسطينية متأثراً بالاعلام الاسرائيلي. فإذا استطعنا أن ننزع الصورة المشوّهة من رأسه لنضع مكانها حقيقة ساطعة تدل على قيمنا وأخلاقنا وتعلقنا بكرامتنا الوطنية، نبدأ الخطوة الأولى نحو التحرير.. فهل نرتقي الخطوة..؟

هل ينتظرنا التاريخ..؟

2002/9/25

في أجواء الغليان الأمني الذي يخيّم على منطقة الشرق الأوسط هذه الأيام والذي يحمل في طيّاته احتمالات الخوف والاضطراب، يستوقفنا ألف سؤال وسؤال حول ما آلت وستؤول إليه المنطقة المشرقية من عالمنا العربي على أثر الاتهامات الأميركية المستمرة والاعتداءات الاسرائيلية المتكررة والتلويح بعصا الحرب ظلماً وعدواناً لقطع الطريق على أي حوار يعيد الحقوق إلى أصحابها والقضاء نهائياً وسواسية على فرص السلام أو "الاستسلام".

إلى أين تسير الانتفاضة وأطفال الكرامة في فلسطين بعد أن أوصدت بوجههم كل الأبواب؟
إلى أين يجنح العراق بنسائه وشيوخه وأطفاله الذين يتآكلهم المرض والجوع بين فكيّ الحصار وأهواله؟
ماذا تخبئ الأيام للمقاومة الوطنية في لبنان.. تلك التي رسمت بدماء شهدائها شكلاً جديداً للانتصار؟
هذه المخاوف وغيرها من الهواجس تلقي على صدورنا ثقل الهموم والتساؤلات وتضعنا وجهاً لوجه مع صعوبة الاحتمالات وعبء المواجهة.
كثيرون هم الذين يدركون معاناة الوطن في شكلها وظاهرها.. وقليلون هم من يدركونها بالمعرفة، أي بالفعل والتفاعل. فهذا يسمى عملاً نهضوياً حياً والآخر مرآة جامدة لا تنبض بالحياة.. وليس الوعي المتمخض عن المعرفة سوى تلك الحالة النفسية التي

تخلق الهواجس والمخاوف والطموحات وتواكب المستجدات في تجارب التاريخ..

يواجه العرب اليوم، في المغتربات كما في الوطن، تحديات مصيرية لا يمكن الوقوف إزاءها موقف المتفرج المنتظر، إذ لم يعد خافياً على أحد المشروع الأميركي ـ الصهيوني الذي يهدف إلى السيطرة الكاملة على المشرق العربي الخازن للنفط والمعادن والمياه. وما الادعاء بالحرب على الارهاب ورموزه وإسقاط الأنظمة الديكتاتورية وتحرير الشعوب سوى ذريعة لكسب الرأي العام العالمي وتبرير لوضع اليد على سائر المناطق النفطية الممتدة حتى أقصى الشرق، والسيطرة من هناك على مناطق النفوذ في العالم.

والمشروع الأميركي هذا ليس بالجديد. فإن المحاولات مستمرة على قدم وساق منذ الحرب العالمية الأولى وقد اتخذت أشكالاً مختلفة تتلاءم مع المكان والزمان إلا أن قيام الاتحاد السوفياتي ووقوفه بوجه المد الأميركي عطل المشروع وأرجأ تنفيذه ولكنه لم يلغه. ولماذا لم تنفذ الولايات المتحدة مشروعها حتى اليوم وقد مضى على تفكك الاتحاد السوفياتي ما يزيد على العشر سنوات. فلأنها كانت تعمل على خلق العدو الجديد بالملامح "الارهابية" المثيرة لشعوب العالم حتى إذا ما أعلنت الحرب ضده تلقى التأييد والعطف الدوليين والتبرير المقبول لفعلها.

إذا ما عرفنا أن 85% من نفط العالم مملوك من الدول العربية والاسلامية يسهل علينا أن نفهم لماذا اختارت الولايات المتحدة العرب والاسلام عدواً جديداً لها ولماذا تعمل على تصويره بالارهابي المتخلف الذي لا يحترم الحضارة الغربية ولا يقيم وزناً لمبادئ حقوق الإنسان. فليست الحملة المسعورة هذه سوى تطهير لصورة العدو البشعة في محاولة لاقناع العالم بضرورة التخلص

منه تحت شعار "تحرير الشعوب" أو "إنقاذ الانسانية" أو "الدفاع عن الحضارة الغربية المتفوقة".

هو ذات الأسلوب الذي اعتمدته الولايات المتحدة في حربها الباردة مع الاتحاد السوفياتي حيث صوّرت الشيوعية بالشيطانية المعادية لجميع الأديان السماوية والقيم الانسانية.

يأتي هذا التدبير وغيره من وحي السياسة الأميركية المعلنة في منطقة الشرق الأوسط منذ الحرب العالمية الأولى وتطبيقاً لمبادئ الرئيس ولسن وفي مقدمتها "مبدأ تحرير الشعوب". وهكذا باسم المبادئ السامية، تنتهك المقدسات وتغتصب الحقوق وتصادر الحريات..

إنها حقيقة موجعة للغاية ولكنها تستوجب السؤال..

ماذا فعلنا في مشرقنا العربي أو في عالمنا العربي لمواجهة التحدي واستمالة الرأي العام العالمي ليقف إلى جانبنا درعاً واقياً بوجه الاطماع والتعديات علينا؟

يتحدث البعض عن تطوير الاعلام العربي وضرورة إنشاء محطة تلفزة تبث برامجها باللغات الحية لتخاطب العالم في شرح المواقف وإبراز الحق العربي المهدد بالاغتصاب والضياع من ناحية وكشف النوايا الأميركية لإفشال المشروع الأميركي - الصهيوني من ناحية أخرى.

وهنا أيضاً تراودنا تساؤلات عديدة:

هل توحّدت قراءتنا للأحداث انطلاقاً من وحدة وجودنا ومصيرنا؟

هل وحّدنا خطابنا السياسي بحيث يخدم طموحاتنا وآهدافنا؟

هل تخلصنا من عصبياتنا الطائفية والاقطاعية والطبقية؟

هل تجاوزنا حدود المناطقية لبلوغ الوطن في اتساعه وتكامله؟

أخشى ما أخشاه: إن قيام محطة تلفزيونية أو أي مشروع إعلامي آخر بهذه المواصفات سيوقعنا في الشرك ولهو أخطر من عدم

وجوده طالما لم توحّد في عالمنا بعد القراءة الحقيقية للتاريخ ومجريات الأمور وطالما لم تتحقق بعد وحدة الخطاب السياسي.

تبدو التحديات أكبر بكثير من استعداداتنا لمواجهتها.

تُضرب المقاومة في فلسطين ويسقط الضحايا من شيوخ وأطفال عزّل ويطوّق المواطنون بالأسلاك الشائكة ويمنع التجول حتى داخل البيوت. ويكتفي العرب بالاستنكار والاعتصام والتظاهر.

يعاني شعب العراق من الحصار منذ أكثر من عشر سنوات ويسقط أطفاله في أعداد تتزايد يوماً بعد يوم في ظل تهديدات أميركية متكررة لضرب منشآته وبنيته الاقتصادية تحت شعار "تغيير النظام الديكتاتوري" وتحرير الشعب، رغم تعاون النظام مع قرارات مجلس الأمن الدولي والسماح للمراقبين بالعودة إلى العراق.

يستمر التلويح بضرب المقاومة الوطنية في لبنان بحجة أنها تتعامل مع متطرفين من تنظيم "القاعدة" وأنها تهدد الأمن الاسرائيلي بعمليات إرهابية. وقد أثبتت هذه المقاومة أنها تعمل على تحرير الأرض اللبنانية وشتان بين المقاومة والارهاب.

إن كل ما يجري حولنا اليوم لهو خطير للغاية ويهدف إلى إرباكنا واستدراجنا إلى رهانات ومواقف ليست في مصب حقوقنا ومصالحنا.. ولم يعد لنا من خيارات سوى العودة إلى قراءة جديدة للمستجدات واستنباط العبر منها والحقائق. بقي أن نجد في عودتنا هذه مساحات خصبة للتلاقي والحوار..

فهل ينتظرنا التاريخ..؟؟

عودة المفتشين إلى العراق
نهاية الحصار أم بداية حصار جديد..؟

2002/11/20

يلاحظ منذ أن قررت الادارة الأميركية تسديد ضربة عسكرية إلى العراق أنها تقدم الذريعة تلو الأخرى لتبرير الضربة في محاولة لاستمالة الرأي العام العالمي وإقناع حلفاء الأمس بالالتفاف حولها في جولتها الراهنة لدعم موقفيها السياسي والعسكري. وفي الوقت الذي تشدد فيه على ضرورة هذه الحرب، للقضاء على المنشآت العسكرية العراقية وأسلحة الدمار الشامل تارة ولاسقاط النظام الحاكم "الداعم لقوى الارهاب" في العالم تارة أخرى، يبقى الادعاء الاقوى والمغلف بغطاء حقوقي ـ إنساني، أنها تعمل للاطاحة بالديكتاتورية الممثلة بالرئيس صدّام حسين بغية تحرير الشعب من استبداده وطغيانه وإقامة النظام الديمقراطي القادر على استعادة حقوق الشعب العراقي المصادرة وتحقيق تطلعاته المستقبلية.

وفي هذا الوقت بالذات يزداد تعالي الأصوات في كل بقاع العالم للتنديد بالادعاءات الاميركية واستنكار الاسلوب الفوقي الذي تستخدمه الولايات المتحدة في التعاطي مع شعوب العالم (الثالث

خاصة) كما فعلت في عدد من الدول في السابق ومنها أفغانستان مؤخراً والعراق حالياً وقد نصبت نفسها بوليساً دولياً يتجاوز كل الحدود القانونية والاصول العرفية والقيم الانسانية.

إن الذرائع المتعددة التي تطرحها أميركا للتسويق في العالم، إنما أوجدتها لتكون البدائل عن الذريعة الأولى (أي امتلاك العراق لأسلحة الدمار الشامل) في حال لم يوفق المفتشون في العثور على هذه الأسلحة. وهذا يعني أن القرار الأميركي في ضرب العراق هو قرار نهائي لا رجوع عنه رغم الاعتراضات والتنديدات والمظاهرات التي تزداد يوماً بعد يوم وتطالب بإسقاط فكرة الحرب ورفع شعارات السلام.

من هنا يجب التأكيد على أمر هام في قراءتنا لما يعلن في ظاهره وما يجب التفتيش عنه في باطنه، وهو أن القرار الأميركي جاء نتيجة الأفكار التوسعية والسيطرة الأحادية التي تكبر يوماً بعد يوم في رأس المارد الأميركي الذي لا يرى استمراراً لسيطرته على مقدرات العالم والقرار الدولي إلا بالاستيلاء على مكامن النفط، هذه المادة الحيوية التي تعطيه القوة للسيطرة ليس على شعوب منطقة الشرق الأوسط (حيث العرب والاسلام) وحسب وإنما على شعوب العالم بأسره. وإزاء هذه المعطيات وخاصة القرار الاميركي الذي يعتبر قراراً مصيرياً، تصبح المطالبة بالحقوق الانسانية والحريات العامة وحق الشعوب في تقرير مصيرها ملكاً للقوي وادعاءاتٍ هزيلة للضعيف فارغة من كل معنى.

هنا تطالعنا أسئلة عديدة ومنها: إذا كان القرار الأميركي نهائياً فلماذا وافقت الادارة الأميركية على "تأجيل الحرب" وانتظار تقرير المفتشين الدوليين؟

فهل حقاً أن الامر يستلزم إرسال مفتشين دوليين للتحقق من وجود أو عدم وجود أسلحة دمار شامل في العراق؟

وهل حقاً أن الولايات المتحدة ستلتزم بقرار المفتشين حتى ولو كان هذا القرار سلبياً لا يتوافق مع رغبتها وادعاءاتها. أم أنها ستتمسك بالذرائع الأخرى كاتهام النظام العراقي بدعم الارهاب أو حجة القضاء على ديكتاتورية صدّام حسين وغيرها لتبرير ضربتها؟!

أسئلة كثيرة تطرح نفسها عشية حرب قد تصبح في غد حقيقة واقعة. ويبقى السؤال الأكبر: ما الذي سيحدث بانتظار عودة المفتشين من العراق؟؟

إنه رهان على الوقت تأمل فيه الولايات المتحدة الأميركية أن تتمكن من تعبئة الدول الصديقة وجرّها إلى جانب قرارها في خوض الحرب تحقيقاً لمصالحها الاقتصادية والسياسية. كما أنها فترة إعادة نظر لهذه الدول للتدقيق في النوايا والاستراتيجية الاميركية والمرامي التي تسعى إليها. وقرار هذه الدول، هي الأخرى، لن يكون بدافع إنساني أو تمسكاً بقواعد قانونية وإنما على ضوء مصالحها ومراميها. وهكذا نخلص إلى أن الوقوف بوجه الحرب التي تعد لها الولايات المتحدة لن يكون بتحريك الضمائر والتذكير بالحقوق الضائعة واستدرار عطف الدول وإنما بإقناع هذه الدول بما سيلحقها من أذى إذا ما تمكنت الولايات المتحدة من السيطرة على مكامن النفط .

إننا بصدد حرب إعلامية لا تقل عن الحرب العسكرية أهمية وخطورة لا بل تزيدها أحياناً لكثرة المشتركين فيها وخاصة الدول الكبيرة التي تمسك بزمام القرارات الدولية. وهنا يكمن المفصل الأهم: فإذا لم تنجح أميركا في استقطاب دول القرار (الأوروبية خاصة)، وهذا يعني تنبه هذه الأخيرة لحقيقة الخطة الأميركية، يكون الاحتمال الوارد بأن تقيم هذه الدول تحالفاً فيما بينها لتقف بوجه الحرب على العراق وبالتالي إنهاء الحصار القائم منذ العام

1990. أما إذا نجحت أميركا في جر الدول الأوروبية لخوض الحرب إلى جانبها، وهذا الاحتمال غير وارد حتى الساعة، فهذا يعني فرض حصار من نوع جديد ليس على العراق وحسب وإنما على جميع دول المنطقة العربية وامتداداً على الدول الاسلامية الخازنة للنفط.

إذن رحلة المفتشين إلى العراق، ليست سوى الغطاء لمرحلة المخاض التي يعيشها العالم اليوم لبلورة المواقف واتخاذ القرارات المصيرية. ونسأل هنا أين يقف العرب في هذا الخضم وهم الذين ينتظرون السلام القادم إليهم على ظهر سلحفاة..؟ فقد اعتادوا على أن تتخذ القرارات عنهم بالنيابة ولن يبدلوا في هذا لأنهم حريصون على التمسك "بالعادات والتقاليد" ولا يتحركون إلا إذا جاء ما يهدد هذه التقاليد.

أورد هنا ما جاء على لسان محام وأستاذ جامعي يهودي في كلية الحقوق في تورنتو ـ كندا، وقد كان أحد المتكلمين في مسيرة السبت الماضي التي نددت بقرار الحرب على العراق حيث قال: إن الحرب على العراق أياً كان سببها هي تعدّ غير مبرّر على الحقوق الانسانية بشكل عام. وإذا كان العالم المتحضّر سيسمح بمثل هذه الحرب، فإنها ستكون سابقة خطيرة تنذر بتعديات لاحقة لا تحمد عقباها. كما انتقد سياسة الولايات المتحدة الأميركية في تعاطيها مع النزاع الفلسطيني الاسرائيلي وقال أننا قادرون على إحلال السلام في المنطقة، وقد قطعنا فيه أشواطاً كثيرة. غير أن الولايات المتحدة التي لا ترغب بالسلام، تدعم إسرائيل بالمال والعتاد في حربها مع العرب ليس حباً باليهود وإنما للابقاء على حالة النزف الدائمة التي تضعفنا جميعاً.

أشير هنا، والحديث عن تظاهرة يوم السبت السلمية التي نظمت في أربع وعشرين مدينة كندية في وقت واحد، ومن باب الأسف والغضب الشديدين، إن عدد العرب الذين شاركوا لم يتعد المئة شخص في وقت ضمت المسيرة ما يقارب الخمسة آلاف من الكنديين..

الإرتباك الذي يسبق العاصفة..

2002/12/18

يعيش العالم، منذ أن أعلن بوش قرار بلاده بضرب العراق، جواً ساخناً ومتوتراً من الارتباك يشبه الهذيان، تعلو فيه التصريحات والمواقف وتنخفض إلى حد التناقض أحياناً وكأن الحرب المعلنة إذا ما قامت ستتسع دائرتها لتشمل كل بقاع الأرض وشعوب العالم.

ولا عجب في الأمر، وهذا صحيح، ذلك أن إعلان هذه الحرب جاء هو الآخر نتيجة الهذيان والارتباك السياسي اللذين خلفهما الحادي عشر من أيلول حيث أطلق بوش لنفسه العنان إلى أبعد حد ليبرهن للأميركيين (في وقت كانت كرسي الرئاسة مهزوزة) أنه الأصلح للرئاسة في مرحلة تتسابق فيها الولايات المتحدة الأميركية مع غيرها من الدول الجبارة على مناطق النفوذ في العالم. وما حجة القضاء على الارهاب واتهام بعض الدول بالتعامل مع الارهابيين سوى الذريعة لإعلان الحرب على العراق ودول المنطقة واستكمال السيطرة.

وكان الرهان الأميركي واضحاً منذ البداية على استقطاب الدول، حليفة الأمس في حرب الخليج، لدعم الخطوة الأميركية الجديدة وضرب العراق حتى دون العودة إلى مجلس الأمن وهيئة الأمم المتحدة. وقد فات الادارة الأميركية أن لهذه الدول، التي تعتبرها حليفة أو صديقة، مطالب وأهدافاً قد لا تلتقي مع الرغبة الأميركية أو أن مطالبها لم تتوضح بعد. وكان ما كان من تكليف مجلس

الأمـن إرسـال مفتشـين إلـى العـراق حتـى إذا مـا ثبـت الادعـاء الأميركي بحيازة العراق علـى أسـلحة الـدمار الشـامل وافقـت هـذه الدول على دعم الحرب الأميركية على العراق..
وما مرحلة المفتشين هذه سوى مخرج لكسب الوقت وإعادة النظـر في المواقـف المعلنـة. وهـي ليسـت بالتـالي لتحديـد وجـود أو عـدم وجود أسلحة الدمار كما ذكرنا في مجالات سابقة.
ونتيجة للارتباك ذاته من الملاحـظ أن كسـب الوقـت لـم يكـن فـي مصـلحة الموقـف الأميركـي الـذي كـان مـدعوماً فـي الـداخل مـن الحـزبين الـديمقراطي والجمهـوري وجميـع الشـرائح الاجتماعيـة الأخرى. فبالاضافة إلى التظاهرات الكثيفة التي قامـت فـي غالبيـة المـدن الأميركيـة، تنـدد بـالحرب ضـد العـراق والممارسـات التـي تنتهجها الادارة الأميركيـة فـي سياسـتها الخارجيـة، فهنـاك تململ وخضات داخل صفوف كل من الحزبين: منها الحملة المركزة من بعض القياديين الديمقراطيين على نائب الرئيس السابق "آل غور" (ربما لانتقاده تصرفات الـرئيس بـوش حيـال الأزمـة الراهنـة فـي حربه على الارهاب) وإبراز زميله "ليبرمان" الذي خاض معركة الرئاسة إلى جانبه كنائـب للـرئيس. ومنهـا فضـيحة "ترنـت لـوت" الـزعيم الجمهـوري الـذي أظهـر عـن تصـلب عنصـري بحـق الافريقيين الاميركيين مما أضطره إلـى الاعتـذار وطلـب السـماح. وربما أدى به هذا إلـى التنحـي مـن منصـبه بضـغوطات مـن قـادة حزبه وهذا ما ستكشفه الأيـام القليلـة القادمـة. لـم يحصـل كـل هـذا بمجرد الصدفة فهناك مـن يعمـل لخلـق البلبلـة التـي مـن شـأنها أن تضعف موقف الرئيس في سياستيه الداخليـة والخارجيـة علـى حـد سواء.

لقد بات واضحاً بأن الحرب إذا ما قامت علـى العـراق لـن تتوقـف عنـده بـل سـتطاول المنطقـة العربيـة بأسـرها: إبتـداءً مـن إيـران

ومروراً بدول الخليج العربي إلى سوريا ولبنان وفلسطين. وما إدراج فصائل المقاومة الوطنية الفلسطينية واللبنانية على لائحة الارهاب إلا التمهيد لهذه الضربة التي ترمي إلى القضاء على عنصر المقاومة الوطنية التي تعطل عملية إحكام السيطرة على المنطقة والاستفادة من خيراتها.

وفي ظل الاجراءات والتهديدات الأميركية التي تتصدر الأخبار اليومية، وفي الوقت الذي يدعو فيه الواجب الوطني إلى رص الصفوف في وحدة الكلمة والموقف، سيطر الارتباك كذلك على المواقف هناك بحيث فقد الجميع الخطوات الواجب اتخاذها عشية الحرب المعلنة والمتوقعة وراح كل في سبيل لا قرار له:

الدول الخليجية ترفض الاشتراك في ضرب العراق ولكنها تسمح بنزول الجيوش الأميركية على أراضيها حتى فاق عددها السبعين ألفاً..

المعارضة اللبنانية تجتمع في الخارج وتطلب من الولايات المتحدة فتح الملف السوري اللبناني في إطار "محاسبة سورية"..

إسرائيل تهدد بإزالة صواريخ حزب الله إذا لم تعمل سورية وإيران على إزالتها باعتبارهما داعمتين وراعيتين للحزب..

التحالف المسيحي الأميركي، وهو أكبر منظمة أميركية يمينية مقربة من الرئيس بوش، تزور إسرائيل لتعزيز التعاون بين الجانبين والتأكيد على ضرورة طرد الفلسطينيين من القدس ودعم الاستيطان والتمهيد للعودة الثانية للسيد المسيح..

طوني بلير، رئيس الوزراء البريطاني يعلن عن مؤتمر سيعقد في الشهر المقبل لبحث الاصلاحات داخل السلطة الفلسطينية سيشترك فيه إلى جانب مسؤولين فلسطينيين، ممثلون عن مصر والسعودية والأردن..

تركيا ترسل عشرة آلاف جندي على الحدود مع العراق استعداداً لاحتمال مشاركتها في العمليات الحربية..

الرئيس السوري بشار الأسد يزور العاصمة البريطانية ويجتمع برئيس الوزراء ويعلن عن تفاؤله بالعلاقة مع بلير رغم الاختلافات بالرأي بينما يؤكد بلير أنه لم يتفق مع الأسد على كيفية التعامل مع المسألة العراقية..

المعارضة العراقية تلتقي في لندن بمواكبة أميركية ـ بريطانية لتتوزع مغانم العراق وتختلف على تقاسم الحصص في مؤتمر اتصف بالتجاذبات السياسية والطائفية والعرقية..

واشنطن تبدي استياءها من إيران لتدخلها في المؤتمر العراقي الذي انعقد في لندن ومحاولتها في التأثير على نتائجه ومقرراته..

روسيا والصين تجتمعان وتنتقدان السياسة التي ينتهجها بوش ضد العراق..

العراق يوقف مفعول عقد موقع مع مجموعة شركات روسية للتنقيب على البترول..

في مراجعة لهذا الشريط الاخباري نتبين الارتباك والتناقض في تصريحات ومواقف من يحكم العالم اليوم حيث يبدو أن القرار لم يعد من اختصاص السياسيين المحنكين أو أصحاب الخبرة الذين يقدرون عواقب الأمور. والخوف كل الخوف إذا ما قامت الحرب على أيدي هؤلاء الهواة غير المحترفين، في ظل الأسلحة المتطورة والتكنولوجيا المدمرة، ألا يبقى هناك من يدون وقائعها للتاريخ..

أهو فعل الهواية أم أنه الإرتباك الذي يسبق العاصفة..؟

وكان الله بعون الصابرين..

2003/1/22

يزداد القلق يوماً بعد يوم مع تسارع الأحداث في العالم وقد بات واضحاً للجميع أن المسالة العراقية خرجت من إطارها المحلي لتعني كل دول العالم، لا سيما الكبرى منها، وقد استفاقت هذه الدول على الحقيقة التي لا تقبل الشك وهي أن الولايات المتحدة تسعى إلى السيطرة بمفردها على مكامن النفط في منطقة الشرق الأوسط حتى ولو كانت الحرب خيارها الوحيد.

ومن أجل كسب الرأي العام العالمي والحصول على الدعم السياسي والعسكري للدول الحليفة، تنتهج الادارة الأميركية منذ البداية حملة إعلامية وسياسية مركزة ضد النظام العراقي وبالتحديد ضد شخص صدّام حسين بإطلاق اتهامات وادعاءات غير مبررة ومنها:

ـ تعاون النظام مع منظمة القاعدة ودعم العمليات الارهابية بالمال والتنسيق.. والمؤكد أن ليس هناك من دليل واحد يثبت هذا الادعاء.

ـ حيازة العراق على الأسلحة النووية المتطورة وأسلحة الدمار الشامل ما يهدد الاستقرار في العالم.. وهذا الادعاء هو الآخر باطل ذلك أنه لم يصدر عن المفتشين حتى الساعة ما يؤكد حيازة العراق على هذا النوع من الأسلحة لا بل يطالب مجلس الأمن بمزيد من الوقت لأن عمليات التفتيش قد تحتاج إلى شهور لانجازها.

- السلاح العراقي المتطور يهدد المصالح الأميركية.. وهذا الادعاء ليس ما يبرره إلا أن بوش يستخدمه للاستهلاك المحلي لكي يكسب الدعم الشعبي الداخلي ويظهر للأميركيين حرصه على مصالحهم وتفاني إدارته في الدفاع عن حقوقهم.

- التخلص من الديكتاتورية والمساعدة على تحقيق طموحات وتطلعات الشعب العراقي.. وهذا الادعاء هو الآخر باطل لكون الأمر يتعلق بشأن محض داخلي، إلا أنه استطاع أن يستقطب بعض رموز المعارضة العراقية للسير في الركب الأميركي وأعطى الحجة للادارة الأميركية للقول بأنها تعمل بالتنسيق مع ممثلي الشعب العراقي في الخارج من أجل إعادة الأمور إلى نصابها بإطاحة صدّام حسين والمساعدة في بناء النظام الديمقراطي القائم على العدل والمساواة.

وبالرغم من ترويج هذه الادعاءات لتكون الغطاء السياسي للحرب على العراق، إلا أن ردات الفعل جاءت على غير ما تشتهي الادارة الأميركية ذلك أنها تواجه اليوم الاحراج على أكثر من صعيد.

ففي الداخل قامت المظاهرات التي ضمّت مئات الآلاف من الأميركيين بالتنسيق مع سائر المنظمات الدولية الداعية للسلام، تندّد بالحرب على العراق وبالسياسة التي ينتهجها بوش. كما اتهمت وزيرة الخارجية الأميركية السابقة مادلين أولبرايت الادارة الأميركية بإعطاء الأولوية للعراق على حساب الخطر الداهم الذي تمثله كوريا الشمالية. وقد جاء في حديثها لمجلة "فوكاس": "نعرف أن كوريا الشمالية يحكمها ديكتاتور لا يرحم وأن لديها قدرة نووية وجيشاً قوامه مليون عسكري وعلى الجانب الآخر لا نعرف ماذا يمتلك صدّام حسين". هذا بالاضافة إلى انتقادات كثيرة صدرت في أكثر من مناسبة على لسان مسؤولين بارزين في

الحزب الديمقراطي وفي طليعتهم نائب الرئيس السابق آل غور الذي يرى في الحرب على العراق مغامرة لا مبرّر لها على الاطلاق.

أما في الخارج فقد عمّت المظاهرات سائر مدن العالم رافضة الحرب على العراق وداعية لتكثيف الجهود من أجل السلام. كما أدانت السياسة الأميركية مطالبة بوش بمنح السلام والجهود الديبلوماسية فرصة جديدة. أضف إلى ذلك المواقف المتباينة للدول التي تعتبرها الولايات المتحدة صديقة أو حليفة ورفض البعض منها بشكل قاطع الدخول في متاهات الحرب حتى إذا أصرّت الولايات المتحدة على ذلك.

وتضاف هنا إلى عداد العقبات التي تواجه الادارة الأميركية في تسويقها لحرب العراق مشكلة طارئة جديدة هي مسألة كوريا الشمالية التي لم تكن في حساب الادارة الأميركية والتي باتت تشكل الاحراج الأكبر لها. وقد أشارت إلى ذلك وزيرة الخارجية السابقة أولبرايت كما أشرنا آنفاً. ويبدو الارتباك واضحاً في تصريحات وتحركات كل من وزير الخارجية باول ووزير الدفاع رمسفيلد إذ لا صيغة موحدة للتعاطي مع المشكلة سوى ترديد الكلمة التي يستخدمها الرئيس بوش في آخر كل حديث له: نفضل الخيار السلمي والدبلوماسي مع الابقاء على "سائر الخيارات مفتوحة" ومنها الخيار العسكري.

كل هذا ليس بالجديد.. ولكن على أثر ردات الفعل التي تعارض قيام الحرب على العراق طرأ الجديد في مواقف الادارة الأميركية مفاده أن باستطاعة الرئيس العراقي تفادي الحرب إذا قرّر التنحّي عن الحكم طوعاً. وقد لوّح المسؤولون بضمانات قضائية لصدّام وأفراد عائلته وأقطاب نظامه وتأمين الملجأ الآمن لهم خارج العراق.

يبقى السؤال الأكبر سواء رحل صدّام طوعاً أم قسراً، ماذا سيحلّ بالعراق ومن هي الجهة التي ستحكمه..؟

المراهنات على هذا الأمر كثيرة وكذلك التكهنات. لكنه من البديهي أن يتسلم الأقوى زمام الأمور هناك للسيطرة على النفط. وهل سيكون غير الأميركيين الذين بلغ عدد جنودهم المماية ألف وسيبلغ المائة والخمسين ألفاً خلال شهر شباط القادم؟

من هنا نتبيّن أن لا فرق في النهاية بما سيؤول إليه العراق رحل صدّام أم بقي حتى الرمق الأخير إلا إذا أخطأنا الظن وأقامت الادارة الأميركية النظام الديمقراطي، كما تدّعي، على أنقاض النظام الديكتاتوري وقدمته على طبق من فضة إلى المعارضة العراقية بعد أن تكون قد وفقت فيما بين رموزها و"أرضت خواطر الجميع".

يبدو مما تقدم أن المشكلة الأميركية الحقيقية هي ليست مع النظام العراقي وإنما مع الدول الكبيرة الرافضة لهيمنة أميركا على مصادر النفط بصفة أحادية. أما تأجيل الحرب وتمديد مهلة المفتشين وتسريع حل المسألة الكورية ومحاورة أقطاب المعارضة العراقية وعرض العضلات العسكرية في منطقة الخليج وخلافها من الاستعراضات، ليست سوى ملهاة للناس حتى يكتمل تقاسم "تركة العراق" على كل الرافضين قبل دخول الحرب وسقوط العراق..

وكان الله بعون الصابرين..

❖

آفاق الهجمة على العراق..

2003/2/19

منذ أن أعلنت الولايات المتحدة الأميركية عن عزمها على ضرب العراق، في جولة ثانية لحربها على الارهاب (بحسب ادعاءاتها)، على أثر انتهاء الجولة الأولى في أفغانستان، وهي تتصرّف بإرادة منفردة وبقرار أحادي معتبرة أن العالم الذي أطلق يدها للقضاء على الارهاب لن يقف حجر عثرة بوجهها في ضرب العراق واحتلال أراضيه لا بل أنها كانت تنتظر المواكبة الدولية لعملها هذا ودخول الدول الصديقة، حليفة الأمس، لدعم هذه الحرب والترويج لها بكافة الوسائل السياسية والاعلامية.

غير أن دول العالم التي شعرت بالأمس، إنطلاقاً من مصالحها الاقتصادية والقومية، بضرورة تأييد الولايات المتحدة في الحرب على الارهاب حفاظاً على الأمن الدولي واستقرار السوق التجارية في تبادل السلع والخدمات، لم تقتنع هذه المرة بالادعاءات التي قدّمتها الادارة الأميركية بشأن العراق سواء بالنسبة لحيازة العراق على أسلحة الدمار الشامل أو لتعامله مع تنظيم القاعدة أو لضرورة التخلص من حكم صدّام حسين. وفي ذات الوقت، فإنها لم ترفض التعاون ودعم خطة الحرب إلا أنها طلبت من الادارة الأميركية توضيح الصورة وتقديم الأدلة الكافية لادانة العراق وتوكيل الأسرة الدولية للتعامل مع الأمر بدقة متناهية لايجاد الحلول الدبلوماسية مع الابقاء على خيار الحرب إذا لم تنجح الوساطات الأخرى.

أضف إلى ذلك التظاهرات التي قامت في سائر عواصم العالم وضمت الملايين من المتظاهرين تندّد بالحرب على العراق بدوافع إنسانية وتتهم الولايات المتحدة الأميركية بمحاولة استدرار العطف والتأييد العالميين لتمرير مشروع السيطرة على النفط. وليس بخافٍ على أحد بأن السيطرة على النفط هو السلاح الأمضى للسيطرة على القرار في العالم.

ومن خلال هذا العرض الموجز يبدو أنه لم يكن في حساب الولايات المتحدة أن تواجه بالمعارضة على مشروع الحرب كما أنها لم تقم وزناً لأي رأي معاكس. وقد عبّر الرئيس بوش عن ذلك بقوله أن أميركا على استعداد لخوض الحرب على العراق حتى دون العودة إلى مجلس الأمن الدولي والدليل على ذلك إرسال الجيوش إلى منطقة الخليج بأوقات متتالية بدون قرار دولي حتى بلغ عددها الماية وخمسين ألفاً. إلا أن الادارة الأميركية مهما تعالت فمن غير المعقول أن تهمل التوازنات الداخلية والدولية خاصة أنها أصيبت بالإحراج على أكثر من صعيد:

أولاً: قيام تظاهرات كثيفة داخل أميركا وخارجها تطالب الادارة بوقف أعمال الحرب.

ثانياً: هشاشة الأدلة التي قدّمها كولن باول في جلسة خاصة لمجلس الأمن الدولي حول حيازة العراق لأسلحة الدمار الشامل وغيرها من الأدلة.

ثالثاً: عودة المفتشين الدوليين إلى الأمم المتحدة بتقارير إيجابية تنفي الادعاءات الأميركية وتكشف عن مرونة في عمليات التفتيش.

رابعاً: ازدياد حدة الأزمة مع كوريا الشمالية التي لم يكن تحريكها في هذا الوقت بالذات من باب الصدفة.

خامساً: انقسام دول الحلف الأطلسي حول الموقف الأميركي والتهديد الفرنسي باستعمال حق النقض في مجلس الأمن الدولي.

هذه الأسباب وغيرها من الأحداث المتسارعة جعلت من الادارة الأميركية تعيد النظر في حساباتها مع الابقاء على خيار الحرب في طليعة خياراتها (حفاظاً على ماء الوجه).

ويبقى السؤال المطروح اليوم: أين يقف العالم من هذه الحرب المعلنة والمؤجلة في آن معاً؟
فمن غير المنطقي أن يتراجع بوش عن قرار الحرب، لاعتبارات داخلية وخارجية، إلا إذا تمكن من تحقيق الغاية وإخضاع العراق من دون استعمال القوة. وهذا الأمر مستبعد للغاية ذلك أن الدول الكبيرة التي تراقب الخطوات الأميركية وتعمل على تثبيت نفوذها في المنطقة، تطمح هي الأخرى بمغانم العراق وقد اتضح للعالم بأن الحرب لن تتوقف عند الاطاحة بصدّام حسين بل ستتعداها لتشمل كل من يقف بطريق المشروع الأميركي حتى ولو كان الثمن هيئة الأمم المتحدة أو الوحدة الأوروبية أو غيرهما من المعترضين..
وهل يعني هذا غير قيام حرب عالمية؟؟
هناك حالة واحدة لا غير يمكن لها أن توقف الحرب: هي حالة اتفاق جميع الدول المعنية بما فيها العراق على توزيع المغانم بالتراضي ولست أدري إلى أي حد قد يكون ذلك ممكناً.

يرى كثير من المراقبين أن تنحي صدام قد يجنّب العراق ويلات الحرب وقتل الأبرياء من أطفال ونساء وشيوخ ويفوّت على الأميركيين نشوة الانتصار وكأن المشكلة القائمة هي محصورة بشخص صدّام أو بقراره المنفرد وقد فات هؤلاء أن المشكلة، لو كانت على ما يتصورون لدخلت أميركا العراق بين ليلة وضحاها من غير أن يتنحى صدّام وربما دون استعمال القوة. غير أن المشكلة الحقيقية تكمن مع الذين يعارضون دخول أميركا إلى

العراق من الدول الكبيرة التي ترى في السيطرة الأميركية هناك تهديداً مباشراً لمصالحها ووجودها.

كتب أحد المعلقين السياسيين بعد الخامس عشر من شباط الحالي حيث عمّت العالم مظاهرات شعبية ضد السياسة الأميركية في التحضير لضربة محتملة على العراق، معتبراً أن الحرب هي في حكم التأجيل لا الإلغاء لأن التوازنات الدولية لا تسمح بهزيمة أميركية. ومن خلال قراءتنا المتواضعة نقول بأن ذات التوازنات الدولية لا تسمح بانتصار أميركي أيضاً، فكلاهما خطر يدقّ على الأبواب. فإلى أي من الخيارات سيتجه العالم في المرحلة القادمة..؟

الطريق المسدود والانفجار الأعمى..!

2003/3/19

منذ اليوم الأول للنزاع الأميركي العراقي والعالم ينظر إلى غزو محتمل على العراق، أي إلى غزو غير مؤكد، وهذا يعني أنها حرب قد تكون حقيقة واقعة وقد لا تكون. ورغم تزايد عدد الجيوش التي أرسلت إلى المنطقة والتي تقوم بالتدريبات اللازمة تمهيداً لبدء العمليات العسكرية وقبل انقضاء مدة الانذار الذي أطلقه الرئيس بوش لإعلان ساعة الصفر بساعات قليلة، فإن الرهانات التي كانت تستبعد وقوع الحرب كانت ولا تزال تؤكد ضرورة استكمال المساعي السلمية لحل الأزمة وإعطاء الوقت الكافي للمفتشين الدوليين المكلفين من قبل هيئة الأمم المتحدة. وقد أدارت الادارة الأميركية الظهر للأمم المتحدة ولهذا التدبير الذي يقوم به مجلس الأمن علماً أنه يعبّر عن رغبة الدول الأعضاء كافة بما فيهم الولايات المتحدة الأميركية.

ومنذ اليوم الأول للأزمة الأميركية العراقية، لم يخف على أحد الدافع الحقيقي لهذه الحرب رغم الادعاءات التي قدّمتها الولايات المتحدة والتي كانت باعتقادها كافية لتحريك الدول والشعوب واستقطاب التأييد والدعم الدوليين الكفيلين بتبرير الحرب وتجنّب الأزمات المستقبلية عندما ستتربع على عرش النفط العراقي. وقد حرّكت من أجل ذلك الطاقم الدبلوماسي في كل الاتجاهات وعرضت الأموال الطائلة لشراء أصوات من لم تنفع فيهم الدبلوماسية علها تحظى بقرار دولي يجيز لها استخدام القوة بوجه العراق متسلحة بالادعاءات ذاتها التي تصور العراق وكأنه الخطر

الداهم الذي سيقضي على البشرية جمعاء. ولكن شيئاً من هذا لم يحصل: لقد فشلت الادارة الأميركية بالسعي الدبلوماسي كما فشلت بالسعي السياسي والمالي ورُدت جميع عروضها. وهكذا لم تتمكن الولايات المتحدة من استصدار قرار دولي يعطيها الغطاء القانوني لحربها على العراق.

وبالرغم من هذا فإن إعلان الحرب قد بات وشيكاً وبدأ معه العد العكسي. وهذا ما يؤكد بأن الادارة الأميركية لم تكن تنتظر قرار مجلس الأمن ولا المساعي التي كان يقوم بها للوصول إلى حل سلمي للأزمة. وقد ضاقت ذرعاً بالجهود التي توظفها الأمم المتحدة خدمة للسلام في العالم ذلك أن السلام، على ما يبدو، لم يكن في يوم من الأيام مطلباً أميركياً فذهبت الجهود أدراج الرياح ووصل الجميع إلى الطريق المسدود..

وماذا بعد الطريق المسدود؟؟

إنها لسابقة خطيرة تواجه المجتمعات المتحضرة اليوم بعد أن استتب الوضع في العالم (ولو نسبياً) نتيجة التوازنات التي قامت مع استقرار هيئة الأمم المتحدة ورغبة الأعضاء في دعمها واحترام قراراتها. ويمكن القول أن الانفراد بقرار الحرب والخروج عن رأي الأسرة الدولية هو عمل غير ديمقراطي ومناف للقانون الدولي العام ولا شيء يبرّره غير التمرد والعصيان والاستخفاف بسائر القيم الحضارية التي قامت عليها المؤسسة الدولية. وباختصار، هو طعنة حادة بوجه العالم أجمع.. فهل تنهار هيئة الأمم المتحدة ويرجع العالم إلى شريعة الغاب..؟؟

ومن ناحية أخرى، فإن اعتراض الدول الكبيرة على القرار الأميركي المنفرد جاء بالأساس، ليس دفاعاً عن صدّام وأطفال العراق، وإنما لكونه يمكن الأميركيين من السيطرة على النفط ومنه الامساك بالقرار الدولي. فإذا كان للولايات المتحدة أن تنتصر وتستولي على العراق اليوم فهل ستنجح في توظيف

الانتصار.. والى أي مدى سيكون ذلك ممكناً. هل ستقف هذه الدول المعنية مكتوفة الأيدي أم أنها ستعد العدة لجولة لاحقة تكون فيها أكثر استعداداً للمواجهة..؟؟ إن رائحة حرب عالمية تفوح بالأجواء..

منذ اللحظة الأولى ورغم الاستعدادات الداعية للحرب كان الرهان على أن الولايات المتحدة لن تقدم على غزو العراق لأن عملاً كهذا يعتبر تحدياً للأسرة الدولية ويجلب الويلات على الجميع ولا بد من تسوية ترضي جميع الأطراف. أما الآن وقد واجهت الرفض الدولي لحربها بعد فشلها الدبلوماسي والاعلامي والسياسي، لم يبق لها غير التفوق العسكري لتهز العالم وتحدث الانفجار الأعمى الذي، مهما حاول المحللون والمنظرون الاستشراف والاستقصاء لمعرفة نتائجه سلفاً، سيبقى السر الذي يحتاج إلى الانتظار..

الخيار العربي بعد "خراب البصرة" الثاني

2003/4/9

فيما تتوالى الضربات يومياً في حرب تدمير العراق تتابع الولايات المتحدة الأميركية، في خطة إعلامية مركزة، الظهور بدور المخلص المنقذ للشعب العراقي وشعوب العالم الأخرى من شر صدّام في محاولة لتبرير ما أسمته "حرب تحرير العراق" بعد أن أدارت الأسرة الدولية ظهرها لقرار الحرب وكان بنتيجته الفشل الأميركي في الحصول على الشرعية الدولية الممثلة بمجلس الأمن الدولي. وأقل ما يمكن أن يقال في هذه الحرب أنها غير قانونية ولا شيء يبرّرها سوى الرغبة في السيطرة والاستيلاء على أموال الغير في عودة لشريعة الغاب.

وتأتي هذه السابقة الخطيرة لتؤكد أن الشرعية التي يمنحها القانون كانت على امتداد الأزمان وهماً وسراباً وأنه لا يمكن إثبات الحق إلا بالقوة حتى ولو كان هذا الحق ادعاءً أو عدواناً. ونذكر هنا يوم انعقد مؤتمر الأمم المتحدة لمكافحة العنصرية في مدينة "دوربان" خلال شهر آب من العام 2001 والثورة البيضاء التي أطلقها المؤتمر بوجه الولايات المتحدة وإسرائيل لممارستهما التفرقة العنصرية بحق الشعب الفلسطيني الذي يتعرّض لأعمال الإبادة الجماعية على أيدي قوات الاحتلال. وقد أدى هذا الموقف الصريح للأمم المتحدة آنذاك إلى انسحاب الدولتين المعنيتين من المؤتمر (بهدف تهميش أعماله التي شارك فيها ما يزيد عن مابة وخمسين دولة) واستخدام ما توفر من وسائل لتعطيل التوصيات والمقررات. وكان من آثار هذه الادانة أن خلعت الادارة الأميركية القناع عن وجهها وراحت تساند القوات الإسرائيلية في عدوانها

على الشعب الفلسطيني بتأمين المال والسلاح والغطاء الاعلامي ضاربة كل المقررات والمؤتمرات الدولية بعرض الحائط. هذا أحد نماذج "الديمقراطية" التي وعد بوش بنقلها إلى العراق بعد التخلص من حكم صدام..

وفي عودة إلى الحرب الدائرة اليوم، المشهد يتكرّر حيث تخوض الولايات المتحدة الأميركية الحرب بقرار أحادي بعد فشلها السياسي والدبلوماسي في استصدار قرار مجلس الأمن الذي كان ليعتبر الغطاء القانوني لحربها على العراق. وبالرغم من ضعف المبررات التي قدمتها لاقناع العالم بضرورة الحرب إلا أن عدداً كبيراً من الدول يؤيد خطواتها لاعتبارات تختلف من دولة إلى أخرى: فمنهم من اعتاد على التقيد بالموقف الذي يوحي به الإعلام الأميركي الاسرائيلي دون الدخول في تفاصيله. ومنهم من يرى بالتحالف مع الدولة الجبارة وسيلة لتحقيق بعض مصالحه الآنية أو المستقبلية. ومنهم من يخاف على موقعه أو ضياع مصالحه فيظهر الطاعة خوفاً من غضب الجبار.

فإذا كان لهذه الدول أن تنساق إلى الموقف الأميركي لسبب أو لآخر، فأين يقف العرب من كل هذا؟ ويأتيك الجواب البديهي القائم على التخلف والانهزام: ماذا يستطيع العرب فعله بوجه أقوى دولة في العالم..؟

هل نلوم الولايات المتحدة الأميركية "العظمى" التي تسعى منذ الحرب العالمية الأولى إلى بسط نفوذها على آبار النفط العربية لتحقق من خلالها الحلم الأميركي؟ أم نلوم بريطانيا العظمى التي كادت أن تفقد مصالحها في الخليج العربي لو لم تلتحق بالركب الأميركي.

هل ننتقد تهافت الدول (الشرقية والغربية) المؤيدة للحرب الأميركية على العراق وننصب لها العداء لأنها اتخذت القرار الذي

يتلاءم ومصالحها الاستراتيجية أو الاقتصادية؟ حتى أن الدول المعارضة للحرب لم تفعل كذلك خدمة للقضية العربية أو خوفاً على "انهيار" الانسان العربي وإنما انطلاقاً من مصالحها القومية إذ ترى في السيطرة الأميركية على العراق ومنطقة الشرق الأوسط انتقاصاً من حقوقها وإخلالاً بالتوازنات الدولية.

ففي غياب الشرعية الدولية (ونأمل ألا يكون حاصلاً) لا يفيد اللوم أو الانتقاد والادانة. بل يجب طرح السؤال وتكراره: كيف يمكن للعرب أن يواجهوا الحرب القادمة اليهم؟

ماذا كان سيحصل لو أجمعت الدول العربية على عدم السماح بالقواعد العسكرية الأميركية والبريطانية على أراضيها أو عدم السماح باستخدام مجالاتها الجوية لقصف العراق؟

ماذا كان سيحصل لو وقف العرب على ضفتي قناة السويس لمنع مرور السفن الحربية وحاملات الطائرات القادمة لتدميرهم في حرب غير قانونية..؟ والأخطر من كل هذا أن يصدّق بعض العرب أن غاية هذه الحرب هي تحرير شعب العراق وإقامة الديمقراطية وإطلاق الحريات، واسألوا أهل البصرة إن كنتم لا تصدقون.. فقد احتل الأتراك البصرة في عام 1668 ولم يخرجوا منها إلا عام 1914 يوم قضى البريطانيون عليهم ودمروا المدينة بحجة تحرير أهل البصرة من النير العثماني وتقديم المساعدة العسكرية لبسط حقهم وسيادتهم على أرضهم.

التاريخ يعيد نفسه والمشهد العربي يبلغ ذروته في التقهقر والتراجع. ما هي الخيارات المتاحة في قراءة اليوم..؟

حتى السؤال لم يعد ممكناً بعد خراب البصرة الثاني. وماذا سيجدي السؤال بعد خرابها..

الخطى إلى الوراء..

2003/5/14

من الأقوال التي يرددها كثيرون، في مناسبة وغير مناسبة، هذا البيت من الشعر:
مشيناها خطى كتبت علينا   ومن كتبت عليه خطى مشاها

وهذا القول ليس بالجديد على المسامع غير أن قليلين هم من يعرفون مصدره واسم من كان يردده. ولانعاش الذاكرة نورد الرواية التاريخية كما جاءت في مذكرات الضابط السوري صبحي العمري الذي اشترك في الثورة العربية أبان الحرب العالمية الأولى: أعلنت الحرب في وقت كان يعمل فيه جمال باشا على تصفية الوضع العربي بالقضاء على الامتيازات التي يتمتع بها الحجاز وعزل الأمير الشريف حسين بن علي عن الامارة. هنا وجد الشريف حسين نفسه وجهاً لوجه أمام موقف مصيري يتطلب منه قراراً حاسماً وسريعاً في العزلة التي أصبح فيها الحجاز من جراء الحصار البحري بسبب الحرب والمجاعة خاصة وأن الاحتلال الانكليزي كاد يغطي العراق والشام دون أن يكون لأصحاب البلاد شأن لا في واقعها ولا في مستقبلها. والأصح أنهم كانوا أمام وضع ليسوا فيه سوى رعية لمغلوب يبرحها خراباً أو مطية لغازٍ يستولي عليها بحد السيف.

ويبدأ الانكليز مفاوضاتهم مع الشريف حسين في صيف 1915 فيعدونه بالوقوف إلى جانبه والاعتراف باستقلال البلاد العربية ونقل الخلافة الاسلامية إلى العرب إن هو ثار على الأتراك وسهّل

دخول جيوشهم إلى العراق وبلاد الشام. فما كان من الحسين إلا أن اختار الطريق الذي اعتبره في صالح أمته فمشاها وهو يردّد قوله الشهير: "مشيناها خطى كتبت علينا... الخ".

ويُذكر أن الحسين، في خطوته الأولى نحو الثورة على الأتراك والوقوف إلى جانب الاحتلال الانكليزي، كان أول أمير عربي يفاوض ويتكلم باسم العرب منذ ألف سنة على الأقل ولم يكن في حينها دولة عربية واحدة مستقلة. وفي العودة إلى سجل التاريخ نتبيّن كيف استغلت إنكلترا إقدام الحسين والتعاطف العربي وعملت مع شريكتها فرنسا، فيما بعد، على اغتصاب الأرض وتقسيمها إلى دويلات تابعة لها كما منحت اليهود أرض فلسطين لإقامة الوطن القومي على حساب أصحابها الأصليين...

وما أشبه الأمس باليوم فقد تبدلت الأسماء والحالة المتردّية هي ذاتها. وبدل أن يكون الحسين المراهن الوحيد على دور المستعمر، أبان الحرب العالمية الأولى، فقد تعدّد المراهنون اليوم بعد احتلال العراق وتعدّدت الأشكال من أنظمة سياسية ومؤسسات وأفراد غير أن الكل يعمل بما يرضي المحتل، من "خارطة الطريق" إلى خارطة المنطقة بأسرها، خوفاً من غضب الجبار. وهؤلاء تنقصهم قراءة التاريخ والاستفادة من الأخطاء التي وقع فيها من سبقهم وكان من جرائها جر الويل إلى البلاد في طولها وعرضها. والطريف أن بعضهم ملكيون أكثر من الملك: يبشّرون بالحرية والديمقراطية التي حملتها إليهم الطائرات والصواريخ الأميركية ويهللون لقوات الاحتلال وقد تجاوز الجميع عدم قانونية الحرب وإحجام مجلس الأمن الدولي للسماح بها (وهذا ما ينذر بانهيار دور الأمم المتحدة).

لا شك أنه سيتأكد للجميع كما تأكد للشريف حسين بأن الدول العظمى ليست كعظماء الرجال الشرفاء الذين يجعلون للصدق

والشرف المقام الأول، إذ لا اعتبار للشرف في المعاملات السياسية التي تقوم بين القوي والضعيف وأن الصدق والحق يقدّران فقط بميزان القوة التي يملكها القوي.
قد نجد ما يبرّر عمل الشريف حسين الذي استماله الانكليز وكان تعامله بمثابة التجربة الأولى مع قوات الاحتلال بقصد التخلص من القوات العثمانية الظالمة. ولكن ماذا يبرّر تعامل المتهافتين اليوم بعد المرور بمئات التجارب التي أثبتت أن المصلحة السياسية أو الاقتصادية هي المحرك الوحيد للدول العظمى. وإذا كان تعاون الحسين قد أدى إلى اغتصاب الأرض وتقسيمها على أيدي الانكليز والفرنسيين في مطلع القرن العشرين، فإن تعاون "المخلصين العرب" اليوم، في مطلع القرن الواحد والعشرين، سيؤدي إلى تقسيم "الأقسام" على أيدي الأميركيين الذين يعملون على إحكام السيطرة الكاملة على البلاد العربية وحقوق أهلها.

إن الخطى التي يمشيها حكام العرب لهي أشدّ وقعاً وأثراً اليوم في عصر التكنولوجيا المتطورة والسرعة الفائقة. وكأني بهم جميعاً يرددون "مشيناها خطى كتبت علينا، ومن كتبت عليه خطى مشاها.." علّهم يدركون أنها خطىً إلى الوراء فيعملون على تصويبها. لقد ضجر التاريخ من تكرارهم للمساوئ.. ليت أنهم يتعظون!.

خارطة السلام والطريق الطويل..

2003/6/11

لدى سماع الخطباء أبطال مهرجان العقبة حول "خارطة الطريق" وعرض استعداداتهم للتفاوض وإحلال السلام في المنطقة انطلاقاً من تسوية النزاع الاسرائيلي الفلسطيني المستعصي منذ خمس وخمسين سنة، يصاب المرء بالدهشة كيف حصلت التغييرات بين ليلة وضحاها فزال التصلب في الموقف الاسرائيلي إلى أبعد حدود الليونة وتخلى الموقف الفلسطيني عن "الانتفاضة والبندقية": شارون يتراجع عن العنف والتوطين وأبو مازن يتألم لعذاب اليهود الطويل حتى ليبدو النزاع الذي طال أمده بين الاسرائيليين والفلسطينيين وكأنه خطأ تاريخي لا مبرّر له، يجب العودة عنه وتصحيح العلاقة. ويأتي دور العرّاب الأميركي الرئيس بوش ليؤكد للاثنين معاً ضرورة العيش المشترك على الأرض المقدسة واعتماد خارطة الطريق. وقد حرص مهرجان العقبة في إخراج دقيق اشترك في التحضير له بعض الملوك والرؤساء العرب لإظهار صاحب المشروع أو الرؤية الجديدة وكأنه القوة الوحيدة القادرة على تحقيق المعجزة، أو المارد الجبار الذي انتظره العرب طويلاً ليحمل إليهم الحرية والديمقراطية والسلام. وإن كنتم لا تعلمون فاسألوا أهل العراق..

وما أن ينتهي فصل الخطابة حتى يصحو المرء من نشوة السلام ليعود إلى حقيقة الواقع حيث تتحول الدهشة إلى صدمة يتراءى لك معها الطريق المسدود الذي عانى منه ولا يزال الشعب الفلسطيني.

وكأن احتفال العقبة مثله في أوسلو وواشنطن وكامب دايفيد قد بات تقليداً أو بروتوكولاً يتبعه كل رئيس للولايات المتحدة فيدرجه في سجلات التاريخ لذر الرماد في العيون والتأكيد على السعي الأميركي المستمر لإحلال السلام في العالم أياً كان الرئيس وأية كانت مضامين السلام.

إن أهم ما يطالعنا في "خارطة الطريق" أنها تفتقر إلى المقوّمات الأساسية للسلام. صحيح أنها تضمنت الاعتراف بأن يكون للفلسطينيين دولة مستقلة ولكنه اعتراف مجتزء طالما أنه لم يتضمن حق العودة وحل مسألة اللاجئين. وقد رفض شارون هذا الحق علناً متسلحاً بكلمة بوش الذي أعلن في شرم الشيخ والعقبة "بأن دولة إسرائيل هي دولة يهودية نهائية باعترافنا وحمايتنا" وأضاف شارون أن الادارة الأميركية تتفهم رفضنا لعودة الفلسطينيين لما يهدد ذلك أمن إسرائيل والسلام في المنطقة. إن في هذا الموقف تجاهلاً كاملاً للقانون الدولي الذي يجب أن يكون الأساس الصلب للسلام برعاية الأمم المتحدة. غير أنه لم يأت على ذكره أحد من خطباء العقبة إما لأن الأمم المتحدة لم تعد واردة في حسابات الادارة الأميركية والدولة العبرية وإما لأن الولايات المتحدة قد نصّبت نفسها الراعي الأول والأخير لخارطة "الطريق المبتكرة".

ومن معوقات السلام أن القوات الاسرائيلية ستستمر في حماية المستوطنات التي تعتبرها شرعية وقانونية خلافاً لما ورد على لسان شارون في العقبة حيث أشار توضيح لاحق لكلمته أنه كان يعني النقاط الاستيطانية التي تمت إقامتها خلال العامين الماضيين أثناء الهجمات المتتالية على الضفة الغربية وقطاع غزة ولم يكن يعني المستوطنات التي يعيش فيها اليهود. ونذكر هنا أن رئيس الحكومة الفلسطيني عندما تحدث في كلمته عن الانسحابات

الاسرائيلية التي ستتناولها المفاوضات أشار إلى حدود ما قبل 1967 بينما تجاهل شارون الأمر في كلمته التي جاءت مباشرة بعد كلمة "ابي مازن" واتصفت بالعموميات مع التأكيد على الالتزام بخارطة الطريق التي اعتمدتها حكومته مع التحفظات الأربعة عشر.

أما في الجانب الفلسطيني فالصورة تبدو أكثر تعقيداً. الفصائل الفلسطينية تقطع حوارها مع رئيس الحكومة (أبو مازن) بسبب المواقف التي أعلنها في العقبة والتي اعتبرتها تنازلات جوهرية وانتقاصاً من حقوقها المشروعة. وتأتي عملية "أيريز" التي اشتركت في تنفيذها ثلاث من الفصائل بمثابة رد على مقررات قمتي شرم الشيخ والعقبة ورفض لأية وصاية لا تتقيد بالثوابت الوطنية الفلسطينية.

إن ما يتطلع إليه الفلسطينيون هو الاعتراف بحقهم على أرضهم وفي تقرير مصيرهم بإرادة حرة مستقلة. وهذا يختلف تماماً عن عمليات التسوية التي يدعوهم إليها بوش مستخدماً وسائل الضغط النفسية المختلفة أهمها التأكيد على دعم الدولة اليهودية بوجه "العمليات الارهابية" مشيراً بالطبع إلى العمليات الاستشهادية. كذلك فإن الفلسطينيين يحلمون بالسلام العادل المعزز بضمانات دولية لأنهم لا يثقون بالدولة العبرية التي يزخر تاريخها برفض القوانين والقرارات الدولية. وأهم ما يطمح إليه الفلسطينيون إذا كان لا بد من إنهاء حالة الحرب هو أن يقوم السلام بين الشعوب وليس بين الحكومات.

فإذا لم يتنبه أبو مازن إلى هذه الحقائق فالأفضل له أن يعتذر عن متابعة "الطريق" الوعرة التي لن يلقى فيها سوى الخيبة والفشل إلا إذا كان سينضم إلى فريق المشاركين المهللين في شرم الشيخ والعقبة الذين جاءوا لتثبيت الولاء والحصول على الرضى..

مرة أخرى يجد الشعب الفلسطيني نفسه أسير التسويات الدائرة في المنطقة العربية. الجميع يفاوض ويساوم باسمه من غير التعبير عن إرادته وحقوقه الضائعة. وقدر هذا الشعب أن يواجه كل أشكال الخرائط التي ترسم لإسكاته وإخماد ثورته حتى ولو كانت مطعمة بالسلام مما يؤكد أن لا سلاماً حقيقياً سيكتب له الاستمرار إن لم يكن فلسطيني الصنع والنكهة.

فهل يشهد التاريخ تحولات لرسم شكل آخر للسلام..؟ ربما كان ذلك ممكناً. ولكن إلى أن يتم التحول هذا، سيتابع الشعب الفلسطيني السير في جهاد مستمر مع خارطة "السلام" المطروحة وإن كان الطريق اليها "طويلاً"..

الدول القاصرة وقبضة القوي..

2003/9/11

تصادف اليوم الذكرى الثانية لهجمات الحادي عشر من أيلول التي طاولت العمق الأميركي وكانت الشرارة الأولى والسبب "الأكثر وجوباً" وتحفيزاً للحرب الأميركية على الارهاب. كما أنه يمكن اعتبار هذا التاريخ أيضاً الذكرى الثانية لبدء الحرب على كل من يقف بوجه الخطة الأميركية التوسعية على العالم.

كان لا بد للرئيس بوش من أن يخاطب الأميركيين في هذه الذكرى ليقدم تقريراً عن إنجازات الحرب حتى تاريخه وشرحاً للخطة المنوي تحقيقها في المرحلة القادمة. وهذا ما حصل بالفعل حيث طلب بوش من الكونغرس الموافقة على إنفاق 87 بليون دولار من الخزينة الأميركية لمواجهة المقاومة في العراق وأفغانستان كما دعا الدول الأوروبية إلى المشاركة في تحقيق الاستقرار في العراق عن طريق إرسال قوات عسكرية لحفظ السلام متجاوزاً الخلافات السابقة التي قامت نتيجة القرار الأحادي الذي اتخذته الادارة الأميركية في إعلان الحرب ضد العراق. وهكذا يكون خطاب الرئيس بوش قد تمحور حول نقطتين أساسيتين: طلب المال لاستكمال الحرب على الارهاب وطلب المشاركة الدولية في عملية حفظ السلام وإعادة إعمار العراق.

بالنسبة لطلب المال قد يبدو الأمر في منتهى الصعوبة لأن المبلغ المطلوب يساوي ضعف معدل الانفاق الراهن للولايات المتحدة

وربما استتبع ذلك طلب آخر. وإن كلفة تدمير العراق وإعادة إعماره ستزيد عن 150 بليون دولار وهو مبلغ يفوق التقديرات التي قدّمها بوش قبل دخول الحرب وإذا ما وافق الكونغرس على طلب الرئيس فإن العجز في الميزانية سيصل إلى ما يزيد عن 550 بليون دولار. لذا يتوقع البعض أن يخذل الكونغرس الرئيس بوش برفض الطلب لأسباب أقل ما يقال فيها "تقنية". أضف إلى ذلك أن الحرب على الارهاب "أينما وجد في العالم" (كما ورد في خطاب بوش) لم يدخل في الحساب الراهن وربما لجأ الرئيس بوش إلى طلب آخر من الكونغرس بعد الحصول على طلبه هذا.

لكن بوش، بالرغم أنه يتوجه في خطابه إلى الشعب الأميركي الذي يدور في رأسه ألف سؤال وسؤال حول دخول حرب العراق، وهو يستمع إلى الانتقادات التي توجه اليه يومياً، وبالرغم من اعترافه بضرورة المشاركة الدولية بعد أن نصب العداء لكل من وقف بوجه قرار الحرب الأميركية على العراق، لم يكن ضعيفاً في موقفه وطلبه بل واضحاً واثقاً بالحصول عليه لأنه يعلم تمام العلم بأن الكونغرس، وإن أجمع أعضاؤه على انتقاد الرئيس، لن يتنازلوا عن منطقة الشرق الأوسط (والعراق خاصة) بعد أن أصبحت في قبضة الولايات المتحدة وأن المال الذي سينفقه الرئيس بوش اليوم ليس سوى توظيف مالي ناجح لأنه سيعطي مردوداً عالياً قد يساوي أضعافه متى استتب الأمن وبدأ العمل بضخ النفط وتصديره إلى العالم..

وبموافقة الكونغرس على طلب الرئيس ستكون هذه المرة الثانية التي يستفيد منها بوش من موقعه لاستمالة الشعب الأميركي وارتفاع عدد المؤيدين له في الانتخابات القادمة. وكانت المرة الأولى يوم وافقه الكونغرس على حربه ضد الارهاب وأطلق له اليد في الحرب على العراق. من هنا كان على بوش أن يطمئن الشعب الذي لا يفقه أبعاد الحرب بتذكيرهم بما حل بالبلاد نتيجة

اعتداءات الحادي عشر من أيلول مع التأكيد بأن شيئاً من هذا لن يسمح بحدوثه مرة ثانية إذا استكمل الحرب وقضى على الارهابيين في العالم مهما كلف ذلك من تضحيات. وبغير ذلك فإن الشعب الأميركي قد يدفع مزيداً من الأرواح أكثر بكثير مما كلفته الحرب.

أما بالنسبة للطلب إلى المجتمع الدولي المشاركة في عملية حفظ السلام وتجاوز خلافات الماضي، والطلب إلى مجلس الأمن تحديداً بتولي الأمر واستصدار قرار جديد يقضي بمشاركة دولية إلى جانب القوات الأميركية في العراق وأفغانستان، يعترف بوش بفشل الاحتلال بعد أن بلغت حدة الأزمة أوجها في العراق.
وماذا في قراءة ردات الفعل؟
أبدت بعض الدول الموافقة غير المشروطة على المشاركة بينما تحفظت دول أخرى شرط مناقشة بنود المشاركة المطروحة. وترى بعض هذه الدول أن يكون البند الأساسي لمشاركتها ليس حفظ السلام وردع المقاومة وحسب وإنما إشراكها في صنع القرار وربما في اقتسام مغانم النفط. وهذا يعني الكثير بالنسبة للولايات المتحدة التي ترى فيه تنازلاً عن حقوقها المكتسبة (إذا ما وافقت عليه) نتيجة دخولها الحرب وتحمل نتائجها منفردة.

تساؤلات عديدة تطرح نفسها في هذه المرحلة الدقيقة:
هل يوافق الشعب الأميركي على قرار بوش بعد فشل التجربة الأولى؟
هل تنساق الدول الأوروبية لقبول المشاركة بظل الهيمنة الأميركية دون قيد أو شرط؟
هل يستسلم مجلس الأمن للمزاجية الأميركية بعد أن خذلته إدارة بوش أكثر من مرة وفي أكثر من مناسبة؟

الرد على هذه التساؤلات هو بالإيجاب. سيكون للرئيس بوش ما يريد لسبب بسيط جداً وهو أن الأوضاع السياسية والاقتصادية والعسكرية في العالم لا تزال على حالها قبل وبعد حرب العراق، ولم يطرأ عليها جديد. فطالما أن الدول الأخرى لا تزال قاصرة فإنها ستخضع لإرادة القوي على حق كان أم على باطل..

وأين يقف العرب إزاء كل هذا ولم يأت على ذكرهم أحد.. ربما أن الخطة تتناولهم في أرضهم وحقهم ومواردهم، في ماضيهم وحاضرهم ومستقبلهم ولكن، على ما يبدو، وإن كان الأمر يعني كل العالم، فإن العرب غير معنيين..

تقرير التنمية الإنسانية العربية..
خدمة للعرب أم لأعداء العرب..؟

2003/11/12

في إطار برنامج الأمم المتحدة الإنمائي، نشر خلال شهر تشرين الأول المنصرم التقرير الثاني للتنمية الانسانية العربية، هذا التقرير الذي يعمل على وضعه نخبة من مثقفي العالم العربي على مراحل أربع بدءاً بالعام 2002 وانتهاء بالعام 2005 بتمويل وإشراف الأمم المتحدة. وأبرز ما يكشفه التقرير هو الحواجز الكثيرة في العالم العربي التي تحول دون عمليات التنمية الانسانية ويلخصها بثلاثة:

أولاً: التضييق على الحريات وأهمها حرية الفكر والتعبير.

ثانياً: عدم تطوير سبل المعرفة.

ثالثاً: حرمان المرأة من ممارسة حقوقها كاملة.

ويخلص التقرير إلى أن هناك هوة واسعة متطردة في المعرفة بين البلاد العربية وسائر دول العالم المتطور مما يستلزم عملاً جاداً وشاقاً لوضع التنمية الانسانية في مسارها الصحيح.

يقول الدكتور كلوفيس مقصود، البروفسور في جامعة واشنطن وهو أحد المشاركين في وضع التقرير: "إن هذا التقرير بما ينطوي عليه من معلومات واقتراحات هو محاولة جريئة في تجسير آليات الدولة مع مؤسسات المجتمع المدني. وبمعنى آخر هو صرخة للحوار ومبادرة جادة لانفتاح متبادل بين صانعي الرأي وصانعي القرار".

ونورد فيما يلي بعض النتائج والاحصاءات التي وردت في التقرير وتكشف التخلف المأساوي في العالم العربي (من المحيط إلى الخليج).

- يولد التعليم والتحصيل الثقافي التبعية والطاعة على حساب الابداع الفكري.
- تحتوي الجامعات على عدد ضخم من الطلاب ونقص فادح في المختبرات والمكتبات.
- واحد من عشرين طالباً جامعياً يدرس العلوم بمقابل واحد من خمسة في كوريا الجنوبية.
- معدل حيازة الكمبيوتر في العالم العربي هو 18 لكل 1000 من السكان بينما المعدل في بقية أنحاء العالم يصل إلى 78 لكل 1000.
- 1.6% من السكان العرب يستخدم الانترنت بينما يستخدمه 79% من سكان الولايات المتحدة.
- رغم أن عدد العرب يفوق الـ 270 مليوناً في 22 دولة إلا أن الكتب الأكثر رواجاً لا تبيع أكثر من 5000 نسخة وأن الكمية المطبوعة من أي كتاب عادي تتراوح بين 1000 و3000 نسخة. والجدير بالملاحظة أن العرب يشكلون 5% من عدد سكان العالم، إلا أن المطبوعات العربية لا تتجاوز 1.1 من الكتب المطبوعة في العالم.
- إن معدل العالم العربي بالنسبة للصحف والمجلات هو 53 صحيفة لكل 1000 مواطن بينما يصل إلى 285 صحيفة لكل ألف في الدول الأكثر تطوراً.

يقول البيان الصحفي رقم (1) الصادر حول تقرير التنمية الانسانية العربية 2003 بحرفيته: "بعد الحادي عشر من سبتمبر 2001، قدمت الحرب على الارهاب مبرراً واهياً للسلطة في

بعض البلدان العربية للغلو في كبح الحريات وربما كان هذا من أوخم العواقب. كذلك السياسات الأمنية والاجراءات الصارمة التي اتخذتها الولايات المتحدة خلال هذه الحملة للتضييق على الحريات وتبنتها عدة أقطار نامية من بينها بلدان عربية، قد خلقت أجواءً وأوضاعاً مناوئة للتنمية البشرية. وقد تبنت الدول العربية مجتمعة تعريفاً موسعاً للارهاب على الصعيد العربي في "الميثاق العربي لمكافحة الارهاب". وقد انتقد هذا الميثاق في دوائر حقوق الانسان العربية والدولية باعتبار أن مثل هذا التعريف الموسع يفتح الباب لإساءة الاستخدام من قبيل السماح بالرقابة، وتقييد الوصول إلى الانترنت، وتقييد الطباعة والنشر لأية مادة قد تفسر على أنها "تشجع الارهاب". كما أن هذا الميثاق لا يحرم صراحة الاحتجاز أو التعذيب ولا يتيح السبيل للاعتراض على قانونية الاعتقال. ويمضي التقرير إلى القول بأن "الحكومات العربية تتذرع باعتبارات الأمن والاستقرار وتتخذ منها مبرراً لتخوفها الدائم من مخاطر الحرية".

وفي مكان آخر في البيان الصحفي رقم (9) يوصي تقرير التنمية الانسانية العربية "بإقامة مجال معرفي يجري فيه إنتاج المعرفة بمنأى عن الارغام السياسي مؤكداً بأن إنتاج المعرفة يتعرّض للاستغلال السياسي والتهميش. إن كثيراً من العرب الذين يعملون في مجال التدريس الجامعي أو في مؤسسات البحث يقعون فريسة للاستراتيجيات السياسية والصراعات على السلطة ذلك أن الولاء السياسي ما زال المعيار الرئيسي لإدارة هذه المؤسسات مما يلحق الضرر بالكفاءة والمعرفة على حد سواء. لقد جهدت السلطات السياسية في المنطقة العربية في استدراج الأكاديميين والمفكرين واستيعابهم بقصد الانتفاع بما ينتجونه من أعمال لإضفاء الشرعية على النظام السياسي القائم.

ومن هنا فإن تقرير التنمية العربية 2003 يؤكد أن الانتقال الديمقراطي في الوطن العربي هو من المستلزمات الجوهرية لاستقلال المعرفة، مع التشديد على أن هذا الانتقال يتطلب تضافر الجهود بين القوى الاقتصادية والسياسية والثقافية في المجتمع".
هذا بعض من كثير مما تضمّنه تقرير التنمية الانسانية العربية الذي نشرته الأمم المتحدة بتاريخ 28 تشرين الأول 2003.
ونذكر أن الدكتورة ريما خلف هنيدي، الأمين المساعد للأمم المتحدة والمدير الاقليمي لمكتب الدول العربية، وهي صاحبة المبادرة في إصدار هذا التقرير، قد قدّمت نسخة من التقرير إلى السيد عمرو موسى، أمين عام جامعة الدول العربية، ليصار إلى بلورة المطالب التي جاءت فيه (على حد قولها) والعمل ما أمكن على تحقيقها.

ولمداخلة هذا التقرير ومناقشته سنحتاج إلى مساحات كبيرة لا تتسع له مساحة هذا المقال. وسنكتفي بتسجيل بعض الملاحظات حول ما ورد في بيانات القيمين على هذه الدراسة ـ التقرير.
أولاً: من حيث المبدأ، فإنه من الضروري جداً القيام بدراسة من هذا النوع للوقوف على أهم الثغرات الكامنة في العالم العربي التي تحول دون تقدمه إلى مصاف الدول النامية.. لا بل معرفة الأسباب التي تشد به إلى التخلف والرجعية. أضف إلى ذلك أنه لا تكفي الاشارة إلى النقص والعلة دون تقديم الحلول الممكن تحقيقها على الأرض والناجعة لكل المعضلات.
ثانياً: يجب أن يتم مثل هذا العمل على صعيد جامعة الدول العربية وليس على صعيد الأمم المتحدة التي أصبحت اليوم أداة طيّعة بقبضة الأوصياء الطامعين بثروات العالم العربي والذين سيستخدمون التقرير ورقة رابحة لتبرير كل تدخل بالشؤون العربية، بوجه الرأي العام العالمي، مثل تبرير الحرب على

العراق بقصد تحرير الشعب من براثن النظام وإشاعة الديمقراطية وإطلاق الحريات. وهذا "التحرير" يمكن أن يتكرر في سائر الدول العربية "لإشاعة الأمن والحرية والديمقراطية" طالما ان تقرير التنمية الانسانية العربية الذي صدر بإشراف الأدمغة العربية وبأقلام عربية يوصي بذلك ويؤكد على وقوف الأنظمة العربية بوجه التقدم والتنمية بمصادرتها للحريات ورقابتها على سائر النشاطات الفكرية والثقافية.

ثالثاً: تبدو التناقضات واضحة في التوصيات المقدمة في التقرير التي لا يمكن وصفها بالحلول الجذرية وإن كانت تصح تسميتها بالتمنيات المثالية، حيث يؤكد التقرير على ضرورة قيام مجال معرفي بمنأى عن السلطة السياسية ثم يقترح تضافر الجهود الاقتصادية والسياسية والثقافية لتحقيق الانتقال الديمقراطي في الوطن العربي. أي يعترف بضرورة التعاون مع السلطة السياسية ثم تقديم التقرير إلى جامعة الدول العربية للعمل بموجبه وكأن الجامعة، التي هي مرآة للأنظمة العربية، سلطة خارجة عن هذه الأنظمة أو أنه يمكنها فعل شيء يخالف إرادة تلك الأنظمة. وتقديرنا الشخصي أن هذه التوصيات المتناقضة أدرجت في التقرير بسرعة وارتجال لإتمام الحلقة الثانية من التقرير وتقديمها في الموعد المحدد لها.

رابعاً: إذا سلمنا جدلاً بما اقترحه الدكتور كلوفيس مقصود بأن هذا التقرير ينطوي على محاولة جريئة في تجسير آليات الدولة مع مؤسسات المجتمع المدني أي تبني الدول لمخزون الفكر الداعي إلى الانعتاق من حالة التهميش وإطلاق الحريات وإشاعة الديمقراطية والعدالة الاجتماعية والاقرار بحقوق الانسان، فهذا إقرار بوجوب التعاون مع السلطة السياسية. فهل يمكن ذلك وقد أكد التقرير على تضرر الأنظمة العربية من كل عمل إنمائي شعبي..؟

قد يكون ذلك ممكناً في جمهورية أفلاطون "المدينة الفاضلة" ولكن ليس في مملكاتنا وإماراتنا وقصور رؤسائنا. وإن كان لأحدهم أن يمد الجسور الانمائية والانسانية مع شعبه فإنه سيثير غضب الوصي الجبار الذي ولاه علينا فيعمل هذا الأخير على اقتلاعه ووصمه بالارهاب...!!

بقي أن نسأل: هل تقرير التنمية الإنسانية العربية هو خدمة للعرب أم لأعداء العرب..؟؟
من دون جواب أو تعليق على السؤال، سأختم هذه المقالة باستعارة من كتاب "طبائع الاستبداد" لعبد الرحمن الكواكبي، وقد أورده البيان الصحفي رقم (8) حول تقرير التنمية الانسانية العربية 2003 حيث يقول:
"ألفنا أن نعتبر التصاغر أدباً، والتذلل لطفاً، وقبول الإهانة تواضعاً، والرضا بالظلم طاعةً، والإقدام تهوّراً، وحرية القول وقاحة، وحرية الفكر كفراً، وحب الوطن جنوناً. ترضون بأدنى المعيشة عجزاً تسمونه قناعة، وتهملون شؤونكم تهاوناً وتسمّونه توكلاً، تموّهون عن جهلكم الأسباب بقضاء الله، وتدفعون عار المسببات بعطفها على القدر، ألا والله ما هذا شأن البشر..."

من قصور الأحلام إلى حفرة الاستسلام..

2003/12/18

من دون سابق إنذار أو توطئة إعلامية، ومن غير تحضير لمعركة من المفترض أن تكون حاسمة لأنها تتناول الحلقة المهمة في مسلسل حرب العراق، هكذا وبكل بساطة أعلن عن وقوع صدّام حسين في قبضة الاحتلال متعاوناً مستسلماً من دون مقاومة..
كل ما حصل في العراق منذ اندلاع الحرب حتى يومنا هذا يثير الدهشة والاستغراب. كان يتوقع العالم حرباً بين فريقين وإذا بها حرب أحادية من فريق على فريق وقد سميت "ضرب العراق" أو "غزو العراق" لأنه لم يكن هناك جيش نظامي عراقي يقاوم الغزو الأميركي البريطاني. وتساءل الجميع أين يختبئ صدّام والى أين توارى جيشه الذي كان "يشد ويقد" ويتوعد للمواجهة..؟
ومع ذلك ظل يعتقد المتفائلون بأن بغداد ستكون مقبرة للغزاة والآتي قريب.. وإذا بقوات الاحتلال تدخل بغداد وتحتل مطار صدّام دون مقاومة تذكر. وبدلاً من أن يقابل الغزاة في سائر المناطق العراقية بوبيل الرصاص والقنابل استقبلوا كالفاتحين المنتظرين بالحفاوة والزغاريد والرضى والتسليم..
وهكذا كما سبق للأميركيين بأن حققوا نصراً عسكرياً في سقوط بغداد، كذلك فقد حققوا اليوم نصراً سياسياً في سقوط صدّام الذي جاء اعتقاله على أثر وشاية من أقرب المقربين له. ومع القبض على صدّام تسقط الأسطورة التي صورته بالشخصية التاريخية النادرة. وتسطع الحقيقة التي لا تعرف الكذب والمواربة، لتكشف عن شخصية جبان معقد لا يعرف ماذا يريد حتى الساعة بعد خراب، ليس البصرة وحسب، بل خراب كل العراق..

ومع وقائع الاعتقال والشريط المصور الذي عرض على شاشات التلفزة هناك ما يثير الاستغراب والقرف معاً:
الاستغراب لشخصية صدّام المستسلمة للذل والانهزامية دون أن نقف على تفسير لذلك. فإذا كان ناقماً على شعبه فإنه قد جرّ عليه الويل من أقاصي الأرض. وإذا كان ناقماً على أنسبائه وأعوانه، فقد قتل البعض منهم وسبب بقتل البعض الآخر وشرّد عائلاتهم وأطفالهم. وإذا كانت نقمته على أرض العراق فقد قدم الذريعة للطامعين بها لدخولها واحتلالها.
إذن ماذا يريد صدّام وعلى ماذا يراهن عندما قرّر تسليم نفسه دون مقاومة بالرغم أنه كان يحمل مسدساً في الحفرة التي كان يختبئ فيها. وكان أضعف الايمان أن يرمي نفسه بطلقة انتحارية حفاظاً على "كرامة" يدعيها. هل أنه ينتظر مكافأة من معتقليه أم يراهن على مساعدة تأتيه من أبناء شعبه الذين يرقصون ويهللون لاعتقاله. أم أنه ينتظر المحاكمة العلنية ليثبت براءته في محكمة التاريخ..؟؟
الحقيقة.. ونقولها بكل أسف ويأس: إنها مهزلة التاريخ...
إنها المهزلة المستمرة التي لن تتوقف عند صدّام.. بل ستتعداه إلى أشباهه في العالم العربي حيث يقمع الفكر وتصادر الحريات وتسقط من حسابات السلطات القاصرة كرامة الوطن وسيادته، وتقبل بما يمليه عليها الوصي القادر حتى ولو كان هذا على حساب الكرامة الوطنية وحقوق المواطن. فانظر إلى وجه صدّام المعتقل، فتتراءى لك أشكال الذل والانهزامية القابعة في وجوه الحكام الذين لم يعتقلوا بعد.. والذين لا اختلاف بينهم وبينه إلا أنهم لا يزالون قادرين بحكم الاستمرار، على التلويح بأيديهم إلى جماهير المعجبين من شعوبهم والتحكم بالابتسامة البلهاء أمام عدسات التصوير.. ففي الوقت الذي يسير فيه العالم نحو الألفية الثالثة مزوّداً بالعلم والمعرفة والانفتاح، ترى عالمنا العربي متعثراً

على جوانب الألفية الأولى، متخبطاً في مستنقعات الجهل والتبعية والانهزام. وبدلاً من أن تتوحد جهود الحاكم والمحكوم لقيام "المشروع الوطني" القادر على إنقاذ الوطن ودفع عجلته إلى الأمام، يقيم الحاكم بوجه خصمه "المحكوم" الحواجز الاصطناعية الرخيصة لإبعاده عن حقوقه وحرياته وحرمانه الأمن والاستقرار. وهكذا يبدو المواطن متهماً، بحكم انتمائه إلى صفوف الشعب، حتى إثبات براءته بالولاء للحاكم. هذه هي العقلية السائدة في عالمنا العربي: استخفاف بدور المواطن وحقوقه وإبعاده عن مركز القرار. أما إذا عارض، بالمنطق والحق أو بدونهما، فإنما اختار طريقه إلى حيث يعلم من سبقوه..

علّ الذي حلّ بصدّام اليوم يوقظ ضمائر المتربعين على العروش العالية وقد غاب عن بصرهم وبصيرتهم ما يحدث دونهم. ليس لملك أو أمير أو رئيس ما ملكت أيدي صدّام من قصور وأثاث، وتحف ومجوهرات، وصور وتماثيل، وأموال وصكوك.. وبالرغم من كل هذا، لم يجد من يخفي سره أو حتى رفيقاً واحداً يسامره في عزلته ووحدته فلجأ إلى حفرة ضيّقة تعشش فيها الفئران والحشرات وتكاد لا تتسع له جثة هامدة.
ليته يتسّع صدر أصحاب الجلالة والفخامة والسعادة لسماع قصة صدّام في رحلته الأخيرة بعنوان: "من قصور الأحلام إلى حفرة الاستسلام" علهم يدركون فيتعظون.

❖

العراق.. حرية مؤجلة وديمقراطية مع وقف التنفيذ!!

2004/1/14

منذ نزول القوات الأميركية والبريطانية أرض العراق في آذار 2003 والادارة الأميركية تعمل على تبرير الحرب بعد أن فشلت في استقطاب مجلس الأمن لإضفاء الشرعية عليها. وتحسّباً لكل إحراج دولي فقد أسمت الحرب منذ اليوم الأول "عملية تحرير العراقيين" طبعاً من براثن النظام التسلطي الذي تولى قمع الشعب العراقي وحرمانه سائر الحقوق والحريات. أضف إلى ذلك رفع الظلم والاستبداد اللذين مارسهما رموز النظام بحق المواطنين على امتداد عقود ثلاثة من الزمن، وأن في هذه العملية العسكرية ما يضمن لأهل العراق الحرية ويساعد على نشر الديمقراطية فيما بعد..

وهل يكفي الادعاء بتحرير الانسان العراقي ونشر الديمقراطية ليكفّ العالم عن انتقاد الادارة الأميركية حول سياستها الخارجية وتدخلها في شؤون العراق الداخلية؟ وكان أول المنتقدين لها رئيس الوزراء الكندي جان كريتيان الذي عارض الحرب والتزم بقرار مجلس الأمن وتساءل أمام الصحافيين: "اليوم العراق.. من سيكون التالي في الغد؟" وقد تنبهت الادارة الأميركية إلى الأزمة السياسية التي ستواجهها على أكثر من صعيد غير أنها واصلت أعمال الحرب واعتبرت أن رجوعها عن القرار هزيمة لها وانتقاصٌ من قوتها العظمى.

أما الأزمة السياسية فقد توزعت على جبهات ثلاث: جبهة العراق والعالم العربي، جبهة مجلس الأمن والأمم المتحدة وخاصة الدول

العظمى التي تمسك بزمام القرار الدولي، والجبهة الداخلية في أوساط المجتمع الأميركي. وكان على الرئيس بوش أن يحارب على الجبهات الثلاث في آن واحد. فعلى الجبهة الأولى في العراق عملت القوات الأميركية على إحكام السيطرة على البلاد والترويج لفكرة إمكانية عودة النظام السابق لعهده إذا لم تضرب فلوله بيد من حديد مما زرع الرعب في نفوس العراقيين وجعلهم يتمسكون أكثر فأكثر بوجود قوات الاحتلال بانتظار السلام القادم والحامل إليهم الحرية والديمقراطية. ولكي تبرهن الادارة الأميركية عن صدق نواياها بشأن السلام في منطقة الشرق الأوسط اقترحت مشروع "خارطة الطريق" بين الفلسطينيين والاسرائيليين وسرعان ما سقط المشروع بعد أن تبيّن أنه طريق مسدود لا يخدم سوى السلام الاسرائيلي على حساب الحق العربي.

وعلى الجبهة الثانية تستمر المحاولات لربط نظام صدّام حسين بالارهاب الدولي وبتنظيم القاعدة بشكل خاص والتركيز على أن الإطاحة به كان أمراً ضرورياً لخلاص العالم من شره لأنه كان يهدد الأمن والاستقرار العالميين بحيازته لأسلحة الدمار الشامل، والتأكيد على أنه حلقة من مسلسل الحرب على الارهاب التي قامت بها الولايات المتحدة ووافقت عليها معظم الدول على أثر أحداث الحادي عشر من أيلول 2001. وهذا ما يبرّر استمرار الوجود العسكري الأميركي في المنطقة حتى يكمل المهمة الصعبة التي بدأها نيابة عن دول العالم. وحتى الساعة لم تقتنع أي من دول العالم بهذا المنطق إذ لا شيء يثبت تورط صدّام بتنظيم القاعدة كما أن لا شيء يثبت حيازته لأسلحة الدمار الشامل.

أما على صعيد الداخل الأميركي فقد تعرّض الرئيس بوش إلى انتقادات كثيرة وخاصة من منافسيه على الرئاسة من الحزب الديمقراطي. لكن الادارة الأميركية تعرف تماماً كيف تلهي الشعب وتصرفه عن شؤون السياسة. فقد تثير اهتمامه بتسجيلات صوتية،

لـ "بن لادن" تارة ولـ "صدّام حسين" طوراً، تهدد بضرب المصالح الأميركية، أو ترفع الحظر من الأصفر إلى الأحمر إلى البرتقالي ما يرمز إلى احتمال وقوع تعدٍ إرهابي على الأمن القومي داخل الولايات المتحدة. كل هذا للدلالة على حرص الدولة على أمن المواطن الأميركي وجعل الأميركيين يتمسكون بالرئيس الذي يعمل "ليل نهار من أجلهم".

وفي قراءة لمستقبل العراق من خلال ما تقدّم، يمكن القول أنه يسير في نفق مظلم رغم انهزام السياسة الأميركية على الأصعدة كافة. وما يزيد في هذا الاعتقاد، رفض الإدارة الأميركية مؤخراً النزول عند رغبة العراقيين وإجراء الانتخابات العامة وكذلك رضوخ الأمم المتحدة للضغوط الأميركية من خلال موقف الأمين العام كوفي أنان الداعي للاقلاع عن فكرة الانتخابات في الوقت الحاضر والالتزام بالعملية السياسية. ومن الواضح بأن ما كان ينتظره العراقيون بعد زوال نظام صدّام لن يلقوه بين ليلة وضحاها وقد حسمت الإدارة الأميركية موقفها من "الديمقراطية" هذه المرة برفض الخيار الشعبي الذي يطالب به عدد من الشرائح الشعبية والمراجع الدينية العراقية مع العلم أن تحقيق الديمقراطية في العراق هو العنصر الوحيد المتبقي الذي يمكن أن تستخدمه الولايات المتحدة لتبرير وجودها هناك.
هل تراجعت الولايات المتحدة عن عملية تحرير العراقيين وتعميم الديمقراطية؟ أم أنها تعرض حرية مؤجلة وديمقراطية مع وقف التنفيذ..؟

❖

إسبانيا.. أول المنتفضين!

2004/3/17

من السابق لأوانه الحكم على الموقف الرسمي الاسباني القاضي بسحب القوات الاسبانية من العراق وفك الارتباط مع الولايات المتحدة الأميركية. وقد عبّر عن هذا الموقف – المفاجأة الزعيم الاشتراكي خوسيه ثاباتيرو على أثر فوزه في الانتخابات الأخيرة وسقوط حكومة اليمين برئاسة خوسيه آزنار، هذا الأخير الذي لعب دوراً رئيسياً في التحالف الأميركي البريطاني لشن الحرب في منطقة الشرق الأوسط وعمل بحماس مفرط لصالح المشروع الأميركي في الحرب على الارهاب إلى حد المبالغة والمزايدة أحياناً، وكان أول المتحالفين الذين لبوا نداء "الكاو بوي" المتعطش للحرب، في إرسال قوات إسبانية إلى العراق وأفغانستان.

هذا ولم يكن لوقوع كارثة تفجير القطار في مدريد، التي راح ضحيتها ما يزيد عن مئتي شخص والتي تزامنت مع الانتخابات الاسبانية، أي تأثير على هذه الانتخابات أو على نتائجها بالرغم من إشارة الاتهام، كالعادة، إلى أسامة بن لادن وتنظيم القاعدة مما يوحي بأن توقيت التفجير عشية الانتخابات كان بقصد الاطاحة بحكومة اليمين التي تبالغ في تنفيذ الخطة الأميركية. ولا بد من الاشارة هنا إلى الميول العارمة في الاعلام الغربي لإلصاق التهم

بالقاعدة كلّما نفذت عملية إرهابية في العالم وكأن في ذلك ما يعزّز الادعاءات الأميركية وما يؤكد صوابية المشروع الأميركي في حربه على الارهاب.. هذه الحرب التي أوقعت عشرات الآلاف من الضحايا دون أن تتمكن من اعتقال بن لادن. وقد انتقد رئيس الأركان الفرنسي الجنرال "هنري بنتجيت" هذه الحرب بقوله: "إن اعتقال بن لادن لن يغيّر الأمور بشكل مباشر ذلك أن القاعدة برؤوس متعددة إذا قطعنا رأساً تنبت له رؤوس أخرى عديدة".

من الواضح جداً استبعاد فكرة ربط التفجير بالانتخابات ذلك أن التحضير لاسقاط حكومة أزنار لا يمكن أن يتم بين ليلة وضحاها، بل إنه جارٍ منذ اليوم الأول لدخول الحكومة اليمينية مع قوات التحالف الأميركية البريطانية عشية غزو العراق يوم رفض دخول الحرب تسعون في المئة من الشعب الاسباني. والذي زاد في حماس الناخبين الاسبان لاسقاط أزنار، تجاهل هذا الأخير لارادة شعبه ووقوعه في حسابات مغلوطة قائمة على الكذب والخداع.

وقد أوضح هذا الموقف الزعيم المنتخب ثاباتيرو بقوله: "إن حرب العراق كانت كارثة والاحتلال كارثة. وإنني أعتبر موقف الدعم ومن ثم مشاركة بلدنا في العراق خطأ، وإن التدخل بحد ذاته خاطئ سياسياً بالنسبة للنظام العالمي. يجب أن نسعى إلى التعاون مع الأمم المتحدة فهي المنبر العالمي للحوار.."

إذن يمكن استخلاص السبب الرئيسي الذي أدى إلى سقوط اليمين في إسبانيا من تصريحات ثاباتيرو العازم على فك الارتباط التحالفي الذي عقده سلفه مع الرئيس بوش والعودة إلى استعادة العلاقات الطبيعية مع الاتحاد الأوروبي ومع فرنسا وألمانيا بالتحديد. أما بالنسبة للقوات الاسبانية العاملة في العراق فقد أعلن عن قراره بسحبها من هناك في نهاية شهر حزيران 2004 إذا لم تحلّ القوات الدولية مكان قوات التحالف وبإشراف الأمم المتحدة المباشر.

ففي قراءة سريعة للموقف الاسباني الجديد الرافض لغزو العراق وللسياسة الأميركية القائمة على الكذب والتضليل، ثمة ما يستوقفنا للامعان فيه:

أولاً: إذا وافقت الأمم المتحدة (وهي موافقة طبعاً) على اعتبار أن غزو العراق كان خطأ قانونياً واستراتيجياً، هل تستجيب الادارة الأميركية للأسرة الدولية وتوافق على الخروج من العراق؟ هذا الأمر مستبعد للغاية لأنه سيسبب الاحراج للادارة الأميركية في الداخل والخارج في كيفية التعاطي معه بعد أن كلفتها الحرب البلايين من الدولارات وأعداداً كبيرة من القتلى والجرحى بالاضافة إلى خسارة مصداقيتها مع العالم.

ثانياً: لا يزال العالم ينظر إلى الحرب الأميركية على العراق من باب الخطأ القانوني أو التبريرات التضليلية لقيامها كحيازة العراق على أسلحة الدمار الشامل حيناً والتخلص من حكم صدّام حيناً آخر وإشاعة الديمقراطية والعدالة وغيرها من "القيم الروحية والاجتماعية" أحياناً. فهل نهمل السبب الرئيسي للغزو الأميركي لمنطقة الشرق الأوسط الذي ذكرته وعلقت عليه جميع الوسائل الاعلامية العربية والغربية على حد سواء؟. هل ننسى أن الهدف الرئيسي للاقامة الأميركية في المنطقة هو السيطرة على منابع النفط والتحكم بأسعار السوق لتحقيق "الحلم الأميركي" في أحادية السوق الاستهلاكية ونشر نظام العولمة الذي يجعل من العالم بأسره مستهلكاً لهذه السوق.. وبمعنى آخر أن يكون العالم أسيراً للسوق وأثمانها وعبداً للسيد صاحب السوق... ترى وإن صحّ ما كتبه المحققون وما صرّح به المحللون عن النوايا الأميركية، فهل يعقل أن ننتظر استسلام هذه الادارة إلى إرادة الأمم المتحدة والعودة عن تنفيذ الحلم التاريخي بعد الاعداد له قرابة مئة عام..؟؟

إنه لمن العقم التفكير بأن الولايات المتحدة دخلت حرب العراق عن خطأ وإن كان ذلك يعتبر خطأ مخالفاً للقوانين الدولية.. كذلك لمن السذاجة القول بأن الحرب قامت على معطيات خاطئة بسبب هذه الجهة أو تلك من الأجهزة الأميركية وأدت بالادارة إلى الاعتقاد بوجوب إعلان الحرب. ولمن المؤسف كذلك أن يظن العالم بأن قرار الحرب كان لجورج بوش منفرداً عملاً بمنطوق الدستور الأميركي الذي يعطي الرئيس، منفرداً، حق القرار دون سواه. فالمسألة ليست بحجم مغامرة يمكن أن تنتهي بالاعتذار والرجوع عن الخطأ. إنها القضية الأميركية الكبرى التي عمل الأميركيون، بجميع فئاتهم، على تظهيرها والتحضير لها على امتداد قرن كامل من الزمن وقد حان موعد تنفيذها.. فهل يصحّ أن يقرّرها "بوش الابن" دون سواه من الأدمغة الأميركية..؟

من هنا نخلص إلى القول أنه بالرغم من المحاولات المتعددة التي تميل إلى إظهار الاحتلال وكأنه المنقذ للعراق وشعوب المنطقة من جهة، أو اللوم عليه من قبل جهات أخرى وانتقاده بارتكاب الأخطاء القانونية والدبلوماسية من جهة ثانية، لن يزيد الأميركيين إلا تمسكاً بالاحتلال والسيطرة على موارد المنطقة. وحدها الانتفاضة الشعبية الحضارية كالتي حصلت في إسبانيا قادرة على تغيير المعادلات وجعل الادارة الأميركية تعيد النظر في حساباتها. وقد ذكرتُ هذا الأمر منذ أكثر من سنة في انتقاد للسكوت العربي الرسمي بوجه التهديدات والتحديات الأميركية خلال حربها على العراق حيث قلتُ بأننا فقدنا الأمل من الأنظمة التابعة ويبقى رهاننا على الدول الأوروبية والآسيوية بأن تتحرّك عندما تتكشف لها النوايا الأميركية التي تتجه إلى السيطرة على العالم.
لم تكن الحكومة الاسبانية الوحيدة التي تبنت قرار الحرب على العراق والركب في سياق السياسة العدوانية الأميركية رغم

الرفض القاطع للشعب الاسباني.. ولن يكون هذا الشعب وحيداً في العودة إلى صوابه ورفض التبعية الأميركية.

أول الغيث قطرة. وأولى المواجهات انتفاضة. وإسبانيا هي الأولى على لائحة المنتفضين..

الملاحقات ضد "الإرهاب"..

2004/3/24

توجت الاضطرابات التي تشهدها منطقة المشرق العربي من جراء ممارسات الاحتلال الأميركي، بالغليان والهيجان الشعبيين على أثر جريمة اغتيال الشيخ أحمد ياسين، الرئيس الروحي لحركة حماس، على أيدي قوات الاحتلال الاسرائيلية، هذه العملية التي كانت محل استنكار وإدانة دول العالم بأسره لاعتبارها عملاً إرهابياً منظماً يتنافى مع القوانين الدولية ومبدأ دولة القانون الذي يعتبر العنصر المركزي في مكافحة الارهاب.

وإلى جانب الغضب العارم والاستنكار الشعبي والرسمي في معظم دول العالم والطلب إلى الأمم المتحدة لاتخاذ إجراءات جدية صارمة بحق الحكومة الاسرائيلية التي اعترفت بقرار الاغتيال هذا على لسان رئيسها شارون، يؤكد تصريح المتحدث باسم وزارة الخارجية الأميركية ريشارد باوشر انه من حق إسرائيل الدفاع عن نفسها ضد ما أسماه "الارهاب" من جانب حماس والتنظيمات الأخرى التي تستهدف مدنيين إسرائيليين أبرياء.

يستوقفنا هذا الواقع المأساوي أمام حقائق تاريخية عديدة تغيب عن أذهاننا كلما تتصدّر العناوين أحداث مفاجئة غير مألوفة كاعتقال صدام حسين في العراق والقضاء على بعض رموز القاعدة في باكستان وانتفاضة الأكراد في سورية ومؤخراً اغتيال الشيخ ياسين في غزة وغيرها..

الحقيقة الأولى هي التركيز الاعلامي الأميركي الاسرائيلي على اعتبار كل حركة تحرر في المناطق العربية المحتلة حركة إرهابية وأن كل ما تقوم به هذه الحركات للدفاع عن حقوقها ووجودها تدخل في خانة الأعمال الارهابية. وبمعنى آخر تدخل هذه الاعتبارات في الحسابات الأميركية للقضاء عليها وضربها في إطار حربها على الارهاب العالمي. وما الحرب على العراق إلا النموذج الحي لهذه السياسة إذ ادعت الادارة الأميركية إرهابية النظام العراقي وخطورته على الأمن القومي الأميركي لتبرر الهجمة على المنطقة بأسرها من خلال ضرب العراق وكانت حجتها المعلنة كما يعلم الجميع التخلص من نظام صدام حسين وتحرير الشعب العراقي من براثنه.

والحقيقة الثانية هي أن إسرائيل لا ترغب في إقامة السلام في المنطقة كما يظن البعض. ويصاب هؤلاء المتفائلون بالاحباط كلما نفذت المقاومة عملية استشهادية ويقنعون أنفسهم أنه لولا العمليات المتكررة هذه لكانت وقّعت إسرائيل مرغمةً على اتفاقية السلام. فمن بديهيات القول أن إسرائيل التي تقوم على العنصرية الدينية وتستقطب المعونات الأميركية "النقدية والعينية" لتبقي المنطقة في حالة اضطراب مستمر تمهيداً لتنفيذ الحلم الأميركي أو الخطة الأميركية الرامية إلى الاستيلاء على موارد المنطقة ومغانمها، لا يمكن لاسرائيل أن تقبل بالسلام القائم على العدل والمساواة بين الأفرقاء الموقعين وإلا تكون قد وقعت على انتهاء دورها التاريخي. وخير دليل على هذا أنها تفتعل الحدث وتلهب المنطقة بالتصعيد العسكري كلما اقترب موعد للمفاوضات وكأنها غير معنية به. وتأتي عملية اغتيال الشيخ أحمد ياسين اليوم لتعطل المساعي الدبلوماسية عشية اجتماع ممثلي اللجنة الرباعية في القاهرة الذي تقرر منذ عشرة أيام على الأقل، للبحث في استئناف المفاوضات الاسرائيلية الفلسطينية..

أما الحقيقة الثالثة فهي أن التنسيق جارٍ بين الولايات المتحدة الأميركية وإسرائيل في مختلف المراحل التي شهدتها منطقة الشرق الأوسط ابتداءً من قيام دولة إسرائيل في العام 1948. وأبرز صور هذا التنسيق، كي لا نعود بعيداً في التاريخ، توقيت الاعتداء الاسرائيلي على الضفة الغربية وقطاع غزة، الذي شبّه بحرب إبادة للشعب الفلسطيني، أبان الحرب الأميركية على أفغانستان والعراق. والهدف منه تظهير صورة المقاومة الوطنية والانتافضة الشعبية إلى الرأي العام العالمي وإدراج أسماء الفصائل المختلفة على لائحة الارهاب ليخلص الفريقان فيما بعد إلى اعتبار كل من يتصدى لهما إرهابياً ويجب بالتالي تصفيته، وإن كان التصدي من باب الدفاع عن النفس لصون الكرامة والحقوق الوطنية..

والحقيقة الرابعة هي في عدم التعويل على الأمم المتحدة في تأديب إسرائيل أو إدانتها أو إصدار قرارت بحقها بعد أن غصت سلة المهملات بالقرارات السابقة.. وهذه المؤسسة، التي كانت المتنفس الحر والمنبر الدولي الوحيد للأسرة الدولية، سقطت مع حرب العراق وأصبحت جسداً بلا روح حين ضرب بوش وفريقه الماسك بالقرار توصياتها بعرض الحائط. قد نسمع على لسان الأمين العام بعض الكلام المعسول غير أنه يبقى كلاماً غير قابل للتنفيذ..

أما الحقيقة الخامسة فهي أن المجازر التي ترتكبها قوات الاحتلال بين الحين والآخر، وكان أحدثها اغتيال الشيخ ياسين وثمانية من المؤمنين الأبرياء، لن توقف الحركة النهضوية في نفوس الشعب الفلسطيني التواق إلى الحرية والحياة والسيادة الوطنية على أرضه. بل على العكس فإنها ستخلق عناداً أكبر وصبراً أطول وتأكيداً على المضي في المقاومة المشروعة. أما الرهان فهو بالتأكيد، ليس على دعم الأنظمة العربية وجيوشها المدربة على

مصادرة الحقوق الشعبية وقمع الحريات، بل على التبديل في ميزان القوى الدولية عندما ستتمكن الدول العظمى التي تراقب وتخطط وتتهيأ الفرصة المناسبة، من القيام بمواجهة المد الأميركي الاسرائيلي على سائر الدول العربية والاسلامية حيث مكامن الذهب الأسود..

يبقى السؤال الأكبر الذي يطرح في هذا المجال: هل باغتيالها للشيخ أحمد ياسين، تخلصت إسرائيل من عمليات المقاومة..؟؟ هل بتدميرها الضفة والقطاع وقتل الآلاف من الفلسطينيين الأبرياء، استطاعت أن تخمد لهيب الثورة وأنفاس الثائرين..؟؟ قد يكون لدى بوش الجواب على هذه التساؤلات. فمن أكثر منه خبرة في "ارتكاب" الملاحقات ضد "الارهاب"..

"الزير في البير" حتى إشعار آخر..

31 /3/ 2004

اعتبر المحللون السياسيون بأن قرار إرجاء القمة العربية العادية التي كان مقرراً عقدها في تونس، هو سابقة خطيرة ومريبة للغاية بعد أن انفردت تونس بقرار الإرجاء دون الرجوع إلى الدول الاعضاء ولأن القرار جاء مفاجئاً عشية موعد انعقاد القمة من دون أي تبرير مقبول، الأمر الذي رفع الكثير من علامات الاستفهام لحل هذا اللغز - الصفعة التي يتلقاها العالم العربي في هذا الوقت بالذات الذي هو أحوج ما يكون فيه لقمة تدرج على جدول أعمالها القضايا الشائكة المتراكمة والتي تحتاج إلى موقف حازم وصريح (ولو لحفظ ماء الوجه) قبل ان تزداد تعقيداً وتفاقماً ويتعذر على العرب حتى الاشارة إليها فيما بعد..

ويشير البعض، في معرض تحليلهم، إلى أنه لا بد أن يكون هناك شريك عارف بقرار التأجيل مسبقاً أو شريك أوحى باتخاذ مثل هذا القرار لعرقلة عملية التضامن العربي خاصة في مثل هذه القمة التي كانت لتناقش قرارت "مصيرية" سواء بالنسبة للاحتلال الأميركي وتسليم السلطة إلى مجلس الحكم العراقي، او بالنسبة إلى خطة الفصل الاسرائيلية في قطاع غزة، أو إلى مبادرة الشرق الأوسط الكبير التي ستلعب فيها الولايات المتحدة دور الموجه الأول إلى جانب أدواتها من الحكومات العربية، أو ربما لتفويت الفرصة على القمة من استصدار قرار إدانة بحق إسرائيل، ورئيس حكومتها شارون، على أثر اغتيالها للشهيد الشيخ أحمد ياسن.. وغيرها الكثير من الافتراضات التي لا تحصى.. وإن دل هذا الأمر على شيء، فعلى اللامبالاة والاستهتار اللذين يخيمان

على كل عمل رسمي عربي يؤدي في النهاية إلى الغموض والفوضى وتدفع ثمنه الشعوب العربية قمعاً وجوعاً وتخلفاً..

فماذا لو انعقدت القمة في موعدها واتخذت القرارت المصيرية الحاسمة.. فهل كانت لتدين الاحتلال الأميركي للعراق وتطالب قواته بالانسحاب الفوري..؟
ماذا لو انعقدت القمة في موعدها.. فهل كانت لتعترض على خطة الفصل الاسرائيلية في قطاع غزة، التي كان اغتيال الشيخ ياسين أحد فقراتها، وتهدد بإنزال العقوبات بالمعتدين..؟
ماذا لو انعقدت القمة في موعدها.. فهل كانت لترفض المشروع الأميركي أو مبادرة الشرق الأوسط الكبير الذي رسم في واشنطن لتنفذه الحكومات العربية..؟
للتأكيد على ما يشهد به التاريخ نقول: فلو انعقدت القمة في موعدها، فلا ينتظرنَّ أحد أن ينتشل المؤتمر "الزير من البير" كما يقولون بالعامية..

من المؤسف القول بأن القمة العربية، انعقدت أو لم تنعقد، لا تتعدى كونها روتيناً أو تقليداً عربياً ألفته الأعين والآذان حتى باتت "شبه حقيقة" لا وقع لقراراتها ولا وزن لتوصياتها وعبثاً نفتش عمن يقف وراء التأجيل أو الالغاء.. وكان لإرجاء القمة أن يمر من دون أية إثارة أو إشارة إليه لو لم يسبق موعد انعقادها اغتيال الشيخ ياسين. وكان تصور الكثيرين، على أثر الاعتداء هذا، أنه لو لم يصادف انعقاد القمة في دورتها العادية لكان الأمر يستلزم التآمها في دورة إستثنائية لمناقشة التطورات التي أسفرت عن هذه الجريمة النكراء، التي تتحدى كل عربي في عقر داره، وإدانتها بشدة أمام الرأي العام العالمي حفاظاً على ما تبقى لنا فيه من احترام لإنسانيتنا وشعور صادق لعدالة قضيتنا..

البعض المتفائل يرى في هذا التأجيل للقمة شكلاً من إتاحة الوقت للحكومات العربية لإعادة النظر في مجريات الأمور الاقليمية والدولية وإجراء الاتصالات والمشاورات حتى إذا ما أتيح للقمة أن تلتئم مجدداً كان الجميع على استعداد للمناقشة وإصدار التوصيات المناسبة. اما الفريق الآخر المتشائم فلا ينتظر أن تصنع القمة العجائب استناداً إلى القمم السابقة والتي لم يسفر عنها أي قرار "صالح للتنفيذ" وقد بات لدى هؤلاء اقتناع لا يقبل الشك بان القمة العربية، التي تقوم في كل مرة على إرضاء الخواطر والمجاملات والخطابات المبطنة، لم تتمكن من إثبات وجودها لا على الساحة العربية ولا على الساحة الدولية حتى أن جامعة الدول العربية، التي كانت المنبر الذي يعول عليه المتفائلون، قد سقطت هي الأخرى في مطب الحكومات العربية التي لا يمكن لسياستها، على مر العهود، أن تؤدي إلى إصلاح إجتماعي أو إنقاذ للحقوق العربية الضائعة أو تفعيل للعمل العربي المشترك واستنهاض الهمم في مشروع التنمية الانسانية الذي سيبقى العرب بدونه في تخلف مفرط وفقر مدقع..

لا نميل إلى الوقوف مع المتشائمين كما أننا لا نجرؤ بالوقوف إلى جانب المتفائلين لأننا سنتلقى صدمة جديدة ستضاف إلى الصدمات السابقة. أما إذا كان لا بد لنا من أن نتأمل بالخير لنجده، فإن الانتظار يبقى أفضل الحلول المتاحة. وسيبقى "الزير في البير" حتى إشعار آخر..

المستقبل العربي في قبضة الجلاد..

2004/4/7

لا زالت ردات الفعل تتصاعد والتحليلات جارية من كل صوب حول القمة العربية المتأرجحة بين التأجيل والالغاء واستحالة الانعقاد، في أجواء التطورات الاقليمية والدولية التي شهدها العالم قبل موعد القمة وبعدها.. ومن السذاجة أن يعلل سبب إرجاء القمة إلى خلاف بين الملوك والرؤساء على مكان انعقادها أو توقيتها أو رئاستها كما روجت له وسائل الاعلام القاصرة، فالأمر على خطورته لم يعد يحتمل السطحية في المعالجة والتسرع في الأحكام من باب التكهن والترقب أو الاعتقاد والتمني. لقد حان الوقت لكي نرى الأمور بمنظار جديد يتلاءم مع التحولات الجذرية التي طاولت العالم العربي برمته ولا تزال تهدد بمسح شامل لوجوده.. والمطلوب اليوم، في سلم الأولويات، أن تردد الحكومات العربية "فعل الندامة" أمام شعوبها وتعترف بانهزامها وخروجها من "لعبة الكبار" بعد أن أصبح القرار العربي في قبضة المارد الأميركي (سيد القرار) الذي يصب جهوده اليوم على رسم الخرائط الجديدة لعالم جديد "محرر" يسوده "العدل والسلام" يمتد من أقصى الغرب إلى أقصى الشرق. ومن البديهي، والورشة قائمة، ألا يسمح لأحد بأي تحرك (حتى ولو كان هذا التحرك قمة عربية عادية لا خوف منها) يؤثر على الهدوء الذي تتطلبه عملية "تحويل الحرية والديمقراطية إلى البلدان المحررة".

أما التطورات التي رافقت التحضير لقمة تونس كان أبرزها ثلاثة: زيارة "بلير" رئيس الحكومة البريطانية إلى ليبيا، إغتيال القوات

الاسرائيلية للشيخ أحمد ياسين في غزة وانضمام سبع دول شرقية (سوفياتية سابقاً) إلى الحلف الأطلسي:

فبالنسبة لزيارة بلير، فقد كانت الأولى من نوعها بعد انقطاع طويل بين البلدين. ولا شك أن هناك تحليلات كثيرة لأسباب هذه الزيارة والأهداف التي ترمي إليها. غير أن توقيتها قبيل موعد القمة العربية لم يكن من باب الصدفة ولا شيء يبرره سوى التأكيد على أهمية الصفحة الجديدة التي فتحها معمر القذافي مع الغرب، وتكليف بلير باسم الغرب بمهمة مباركة الخطوة والشد على يد القذافي ليمضي قدماً في إدارة الظهر للتضامن العربي المزعوم والقضايا العربية التي تتناولها (بالاجترار) القمم العربية المتعاقبة. هذا من ناحية، أما من الناحية الأخرى فقد كانت الزيارة، بما تضمنته من إشادة وتقدير لموقف ليبيا بالانفتاح على الغرب وتقديم الطاعة المطلقة، بمثابة رسالة إلى "نجوم" مؤتمر القمة في محاولة لحثهم على الاقتداء بخطوة القذافي. فهي تعطي الصورة الجلية للرؤساء والملوك حول التعامل معهم حين يسقطون عن رؤوسهم تيجان الزيف والكبرياء كما أنها تبرز كيفية تكريم "الزحفطونيين"، المتلهفين إلى طاعة الأسياد، عندما يغدرون بشعوبهم ويشرعون الأبواب للذل والهوان..

واغتيال الشيخ أحمد ياسين عشية القمة المفترضة لم يكن هو الآخر صدفة حيث اعترفت إسرائيل بما اقترفت اياديها وهددت بالمزيد من عمليات التصفية لرموز الانتفاضة والمقاومة في فلسطين وسوريا ولبنان، بل جاء الاغتيال هذا بمثابة رسالة إسرائيلية تحذر وتهدد أبطال القمة، الذين اشتهروا بالخطابات الثورية الطنانة واستصدار توصيات الادانة لإسرائيل وحليفتها الولايات المتحدة الأميركية في كل محفل ومؤتمر، بالنقمة والانتقام منهم علهم يتعظون بما حل بالشيخ ياسين وهو الذي راح ضحية الوحشية والغدر من دون حساب لردات الفعل التي قد تحصل على

الرغم مما تتعرض له إسرائيل يومياً من قبل فصائل المقاومة ومنظمة "حماس" تحديداً التي كان الشيخ الشهيد الأب الروحي لها..

أما التطور البارز الثالث الذي رافق تأجيل القمة العربية، كان انضمام سبع دول أوروبية من الكتلة الشيوعية السابقة إلى الحلف الأطلسي الذي تتزعمه الولايات المتحدة حيث جرى احتفال رسمي في البيت الأبيض لتسليم رؤساء حكومات الدول المعنية المصادقة على معاهدة الحلف. أما الدول السبع المنضمة إلى الحلف فهي: رومانيا، بلغاريا، سلوفاكيا، سلوفينيا، لاتفيا، ليتوانيا واستونيا. وقد حضر الاحتفال أيضاً رؤساء حكومات كرواتيا ومقدونيا وألبانيا، الدول الثلاث المرشحة للانضمام إلى الحلف في وقت لاحق. وفي انضمام هذه المجموعة الجديدة إلى الحلف الأطلسي تكون الولايات المتحدة قد حققت إنجازاً تاريخياً في ضمان قواعد عسكرية جديدة تحكم فيها الطوق على روسيا من جهة ومنطقة آمنة من البلطيق إلى البحر الأحمر من جهة أخرى. وهكذا تنفرد بالاستواء على عرش النفط العربي والاسلامي بدون منازع بعد أن تواصلت قواعدها من أقصى الغرب في أوروبا إلى آخر حدود الشرق الأوسط في باكستان وأفغانستان مروراً بالبلاد العربية الفاتحة ذراعيها لاحتضان "الحرية والديمقراطية".

وقد اتفق وزراء خارجية الدول الأعضاء في الحلف الأطلسي لدى اجتماعهم في بروكسيل الأسبوع الماضي على إجراء محادثات مع دول عربية ومتوسطية لتعزيز التعاون معها بهدف تبني مبادرة محتملة لطرحها خلال قمة للحلف في تركيا في حزيران المقبل. أما الدول العربية والمتوسطية المعنية فهي: مصر، إسرائيل، الأردن، موريتانيا، الجزائر، المغرب وتونس وقد تضاف إليها ليبيا (بعد زوال المكروه).

وتجدر الإشارة هنا إلى أن الحلف الأطلسي يجري مشاورات سياسية مع بعضٍ من الدول العربية منذ سنوات طويلة في مجال الاصلاحات المتعلقة بشؤون الدفاع. وإن دعوة الدول المعنية هذه إلى قمة الحلف في تركيا لن تكون مفاجأة وقد أضيفت إلى جدول أعمالها بنود جديدة تتعلق بالاحتلال العراقي والحرب على الارهاب ومشروع الشرق الأوسط الكبير وغيرها. وسيعتمد الحلف الأطلسي مع الحلفاء العرب برنامج "الشراكة من أجل السلام" الذي وضعه الحلف في السابق لتقريب دول أوروربا الشرقية حيث أثمرت نتائجه مؤخراً.

فهل يكون التطور السياسي هذا، الذي شهده العالم وتزامن مع موعد انعقاد القمة العربية، السبب الرئيسي لتأجيل القمة وربما إلغائها..؟؟
هل أسفرت المشاورات بين الملوك والرؤساء على تأجيل القمة العربية بانتظار الدعوة إلى قمة الأطلسي في تركيا لمبادرة "الشراكة من أجل السلام"..؟؟
أم أنه جاء نسف القمة بناء على طلب الأوصياء الماسكين بأصول "لعبة الأمم" ؟؟
قد يكون واحد أو أكثر من التطورات الآنفة الذكر سبباً كافياً لتأجيل القمة العربية أو ربما كانت جميعها مجتمعة أو ربما لا.. فإذا كانت هناك أسباب لا تزال تعبث في المجهول فقد نختلف بالرأي حتى ينجلي الغامض ويظهر للعيان. أما الذي لا يقبل الشك هو أننا نتفق على حقيقة واحدة أساسية تختصر كل الآلام في زمن الارتجال والانهزام.. وهذه الحقيقة هي أن المستقبل العربي، الذي كنا نعوّل عليه، قد أمسى في قبضة الجلاد..

الديمقراطية لا تليق بغير الأميركيين..

2004/4/14

كلما اقترب حلول شهر حزيران والثلاثون منه تحديداً، موعد تسليم السلطة إلى العراقيين، كلما اشتد التوتر على سائر الجبهات العسكرية داخل العراق المحتل، وتكثفت اللقاءات السياسية والدبلوماسية في سائر المحافل الاقليمية والدولية لتدارس تداعيات المرحلة، وكلما ارتفعت الأسئلة من كل صوب: إلى أين يسير العالم وماذا تخبىء الهجمة الأميركية من مفاجآت بعد بسط النفوذ الكامل على العراق.. وهذا يعني بالطبع أن تسليم السلطة، إذا تم الاخراج له كما هو مقرر، لن يكون بهدف استقلال العراق بقراره على أرضه ومقدراته وإنما بهدف استخدام السلطة الوطنية هذه لتنفيذ الخطة الأميركية والانتقال إلى مرحلة ما بعد الاحتلال..

ما هي الخطة الأميركية وما هي طبيعة مرحلة ما بعد الاحتلال، فالأمر ليس خافٍ عل أحد إلا ان ما يجري على الأرض من مقاومة شرسة للاحتلال في العراق، ومعارضة حادة لادارة بوش في الولايات المتحدة لمناسبة الانتخابات الرئاسية، تجعل المحللين السياسيين يدخلون في متاهات الافتراضات والتأويلات والاقتناع أحياناً بأن القوات الأميركية بدأت تحزم أمتعتها بانتظار موعد الرحيل عن العراق وكأن ما جاءت من أجله قد أنجز وقد استقر وضع العراقيين بنعيم الديمقراطية التي حملها إليهم مايتا ألف من الجنود الأميركيين (المتطوعين) معززين بأحدث وسائل القتل والتدمير. والواقع أن ما جاءت من أجله أميركا إلى العراق هو الاثبات العملي بوجه كل العالم، المتحالف معها والمعارض لها،

أن الحرية المسموح بها في عالم اليوم هي حرية الأميركيين والديمقراطية هي فقط للأميركيين.
في لقاء جرى بالأمس على شاشة "السي إن إن" مع وزير الخارجية الأسبق هنري كيسنغر حول موضوع المقاومة العراقية وتسليم السلطة إلى العراقيين في الثلاثين من حزيران القادم، أجاب كيسنغر على أسئلة المذيع بشيء من التردد كمن يكشف سراً إذ قال: "لقد حدد هذا التاريخ لتسليم إدارة العراق إلى سلطة محلية بعد أن تكون القوات الأميركية العاملة هناك قد هيأت الظروف الأمنية والاجتماعية الملائمة.. غير أن شيئاً من هذا لم يتحقق. ويبدو أن على القوات الأميركية أن تتابع عملها في القضاء على "المشاغبين والارهابيين" حتى يتحقق الشرط الأمني ولست أدري إذا كان من الحكمة تسليم السلطة إلى العراقيين في ظل الأجواء الراهنة المشحونة "بالبغضاء والارهاب والتشنجات الطائفية". وأخاف إذا ما تم انسحاب القوات الأميركية أن يغرق العراق في بحر من الدم بسبب الحروب الطائفية الداخلية التي ستنجم عن الفراغ الأمني وقد تجر إلى ويلات غير منظورة".
وهكذا، بدا كيسنغر وكأنه يقرأ رسالة غير رسمية إلى من يهمه الأمر، بأنه قد يطرأ جديد على موعد تسليم السلطة وإن الثلاثين من حزيران قابل للالغاء أو التأجيل. هذا وقد بدا على وجه كيسنغر "علامات الحزن" لما آل إليه الوضع في العراق وكأنه يستغرب لما يحدث وهو الذي كان العراب الأول لخطة الهيمنة الأميركية على العالم، أياً كان الثمن، من خلال إحكام القبضة على نفط العراق ومنه على سائر منطقة الشرق الأوسط.

إذن سواءً تم نقل السلطة أم لم يتم في نهاية حزيران، فإن الهيمنة الأميركية ستظل جاثمة على صدر القرار العراقي وإلا ما معنى أن تجتاح القوات الأميركية المنطقة بكثافة من جنودها وبعض

الآلاف من جنود حلفائها وبخسارة كبيرة في الأرواح والعتاد وبلايين من الدولارات إذا لن يكون مردود هذه الهجمة مساوياً لأضعاف الخسائر، كالحصول على عقد مفتوح لاستخراج النفط قد يكون إلى الأبد.. أما مقولة نقل الحرية والشروع في الاصلاحات الديمقراطية في المنطقة إنطلاقاً من العراق ليست سوى ذر للرماد في العيون وغطاء ناقص لإطفاء الشرعية على الاحتلال، وإن لم يكن هذا بالأمر الجديد الذي يحتاج إلى برهان.. وإذا سلمنا جدلاً بأن أميركا جادة في عملية نشر الديمقراطية من خلال غزو العراق، فهل يمكنها ذلك بفعل القوة. وإذا كان ذلك ممكناً فهل يتلاءم مع مبادىء حقوق الانسان التي تدعيها في كل مجال.. ثم كم يلزم من الوقت لتحقيق الديمقراطية في مجتمعات عاشت قروناً طويلة في ظلمة ظالمة من القمع والترهيب..؟؟

ومن المعلوم عن الديمقراطية أنها مرت بمراحل كثيرة في تطورها حتى وصلت إلينا بمدلولها الراهن. فالكنيسة الكاثوليكية لعبت دوراً هاماً في بروز الديمقراطية عندما أكدت على الفصل بين الدين والدولة، وشكل هذا الموقف الخطوة الأولى نحو مبدأ التعددية في الحكم. وجاءت بعد قرون حركة الاصلاح البروتستانتية التي أدت إلى تحول الفعالية السياسية إلى مؤسسة تعددية. ثم جاء عصر الاكتشافات ليوسع آفاق الديمقراطية في ابتكار المؤسسات التمثيلية، والفصل بين السلطات وغيرها من مظاهر الوعي والتطور الانسانيين. إن تحقيق الديمقراطية أمر ممكن، لا بل ضروري، لأي بلد في العالم، غير أن يلزمه بعض الوقت وليس بالطبع على الطريقة الأميركية. وإن الضغوطات التي يمارسها الاحتلال بنقل السلطة والهيمنة على قراراتها ليس بعمل ديمقراطي ولا هو يخدم نشر الديمقراطية في مجتمع منقسم على ذاته بسبب التعددية الاثنية والدينية والمذهبية. وإن مثل هذه الضغوطات من شأنها أن تكرس التوزيع الدائم للسلطة على أساس

هذا الانقسام الاثني أو الديني أو المذهبي وهذا بدوره قد يؤدي إلى الفوضى وربما إلى حروب أهلية.. فهل يسير الاحتلال اليوم في هذا الاتجاه..؟؟ والجواب بالايجاب دون أدنى شك!!

في مقالة لكسينغر حول الأزمة القائمة حالياً في العراق يقول: الأفضل لجميع الفئات العراقية أن تتعاون مع الاحتلال لأنه السبيل الوحيد لاستعادة السلطة والسيادة.
وفي تعليق للرئيس بوش حول الاقتتال الدائر في المدن العراقية بين المقاومة وجنود الاحتلال، يؤكد بوش على تصميمه لضرب كل حركة أو انتفاضة وطنية تقف بوجه الاحتلال.
ففي موقف كلا الرجلين المسؤولين صورة ساطعة لفعل "الحرية والديمقراطية". أما المواطن الذي يسقط على أرض الكرامة في الفالوجة وكربلاء والنجف، قد فاته معنى الحرية والاستمتاع بالديمقراطية الزاحفة إليه واختار "الارهاب" طريقاً إلى النار.. فحتى إشعار آخر، يجب أن يدرك المسؤولون والمحللون السياسيون أن الحرية المسموح بها اليوم في العالم، هي وحدها حرية الأقوياء وإن الديمقراطية لا تليق بغير الأميركيين..

من دير ياسين إلى الفلوجة.. وتسدل الستائر!!

2004/4/28

تتزامن المجازر التي ترتكبها قوات الاحتلال الأميركية اليوم في "الفلوجة" مع الذكرى السادسة والخمسين للمجازر التي اقترفتها قوات الاحتلال الاسرائيلية في "دير ياسين"، حيث راح ضحيتها ما يزيد على الماية من الشيوخ والأطفال والنساء العزل.. وكأن شهر نيسان في العام 1948 الذي كان مدخلاً لمسرحية الغزو الصهيوني الأميركي إلى منطقة المشرق العربي من البوابة الفلسطينية، قد عاد في نيسان 2004 لإتمام الفصل الأخير على مسرح الفلوجة، هذه القلعة الصامدة التي تتلقى نار الحقد المدمّر في تجارب الاحتلال لتكنولوجية الموت الجديدة، وفي محاولة لتصفية ما تبقى من الغضب القومي المقاوم والاستيلاء على ثروات الوطن الطبيعية، وليعلن من هناك، بوجه كل العالم، تربع الاميركي الصهيوني على العرش.. وتسدل الستائر..

إن افتعال أحداث الفلوجة تشبه إلى حد بعيد افتعال أحداث دير ياسين وقانا والجليل وغزة ورام الله. غير أن هناك "تطوراً" في نصب العداء هذه المرة بحيث تلصق تهمة "الارهاب" بكل انتفاضة شعبية مقدسة لتبرير ضربها دون هوادة وتظهير الدور الأميركي الصهيوني أمام الرأي العام بمظهر "المنقذ للعالم" بأجمعه من شر الارهابيين. هذه الحقيقة وإن كانت غير خافية على أحد إلا أن النظر إليها من قبل المسؤولين العرب لا تزال على سذاجتها وبساطتها بحيث يتحول الاهتمام من أساس المشكلة إلى

جوانب ثانوية تؤخر الخطوات التنفيذية الواجب اتخاذها في مثل هذه المواجهات المصيرية.

يتكلمون عن خروج قوات الاحتلال من العراق وكأن العدة قد أعدت للرحيل. ويأخذ بهم التحليل والتشاور والتساؤل عما يمكن حدوثه بعد خروجها. يقول أحدهم: لا شك أن انسحاب الاحتلال سيترك وراءه فراغاً أمنياً ويخشى أن يتفاقم الوضع هناك بين مختلف الفئات الاثنية والدينية ويؤدي بالتالي إلى حروب داخلية.. ويقول آخر: اضف إلى الفراغ الأمني الفراغ الدستوري، ذلك أن الأمر منوط الآن بمجلس حكم انتقالي بإشراف أميركي. ومتى غادر الأميركي فلا يمكن للمجلس الحالي الاستمرار لكونه غير دستوري وهذا يعني قيام وضع غير مستقر قد يجر إلى صدامات بين الاثنيات والطوائف مما قد يؤدي إلى تقسيم العراق.. ويقول آخر وهو في أواخر صف الانهزاميين: إن وجود الاحتلال الأميركي هو الضمان الوحيد للعراق لتحقيق الديمقراطية وممارسة سائر الحريات العامة والمسألة تحتاج إلى بعض الوقت..

كل هذه المخاوف على العراق من غير أن يتدخلوا، مباشرة أو بواسطة أصدقائهم في العالم، لمنع التدهور الحاصل اليوم في "الفلوجة" وغداً في "النجف" وربما في غيرهما من المدن، ما ينذر بتدمير العراق وقتل شيوخه ونسائه وأطفاله قبل بلوغ مرحلة خروج قوات الاحتلال. فإذا كانت قلوب هؤلاء المنظرين قلقة على الوضع في العراق ويخافون على مصيره بعد خروج الاحتلال، فليطمئنوا.. ذلك أنه مهما بلغت الصدامات بين العراقيين، أهل البلد الواحد، لن تحصد من القتلى والجرحى والتدمير ما ينتجه يوم واحد مع قوات الاحتلال..

ففي الوقت الذي كان على حكام العرب أن يلعبوا دوراً مشرفاً في استخدام السياسة والدبلوماسية (ولو محاولة) لدرء الهجمات الوحشية على المدن والقرى العراقية، وتفادي إزهاق المئات بل

الآلاف من أرواح المواطنين الآمنين، تراهم يعملون على إقناع المقاومين بالتخلي عن حريتهم وحقهم الطبيعي في الدفاع عن أرضهم لمصلحة الاحتلال حفاظاً على أرواحهم وأرواح نسائهم وأطفالهم.. لقد انعدم الشعور القومي في نفوس هؤلاء لأنهم اعتادوا على طأطأة الرأس وهم في تسابق اليوم على نيل رضى "الجبار" من واشنطن إلى تل أبيب..

إن الذي حدث ويحدث في فلسطين على أيدي الصهيونيين منذ العام 1948 يتكرر في العراق اليوم على أيدي الأميركيين: قتل وتنكيل واحتلال وسيطرة على المرافق الحيوية. ولكن الفارق بينهما أن سير الأحداث هذه المرة أسرع بكثير عما كان عليه في فلسطين.

نذكر هنا بأنه قد مضى عام واحد على غزو العراق. أما عمر الخطة لهذا الغزو فهو يفوق المئة عام.. فمنذ الحرب العالمية الأولى والغرب يتطلع إلى النفط الكامن في العراق والجوار في شبه الجزيرة العربية. أما وقد حان الوقت للتنفيذ، فإن الولايات المتحدة تتقمص الدور نيابةً عن الغرب لتحقيق الحلم الأميركي في السيطرة على السوق العالمي حتى ولو كان على حساب شريكاتها في الحلف الأطلسي وعملائها في العالم العربي. فمنذ الانزال اليهودي في فلسطين وفصول المسرحية تتوالى: من تشجيع لاستقلال الكيانات العربية وتطبيع للأنظمة، إلى افتعال لاتفاقية السلام بين مصر واسرائيل واستخدام أميركا لقناة السويس، إلى تفكيك الاتحاد السوفياتي واستمالة الدول السوفياتية إلى الحلف الأطلسي، إلى إقامة قواعد عسكرية في دول أوروبية وعربية، إلى دعم الدولة العبرية وتزويدها المجاني بالأسلحة المتطورة..

هذه وغيرها من مشاهد المسرحية جاءت لتمهد للفصل الأخير منها وهو إحكام السيطرة على نفط العراق ومنه على سائر الموارد في

المنطقة. فهل من يصدق رواية انسحاب القوات الأميركية من العراق بعد أن اكتمل الفصل الأخير..؟؟
بانتظار ما تخبئه الأيام القليلة القادمة هل ستكون "الفلوجة" عنوان الفصل الأخير لمسرحية "المئة عام" وتسدل الستائر..؟؟

الأسلوب المبتكر في الإرهاب الجديد..

2004/5/12

في الوقت الذي كان ينتظر فيه العالم موقفاً حاسماً للادارة الأميركية من فضيحة سجن "أبو غريب"، يحفظ معه ماء الوجه بالنسبة للشعب الأميركي وشعوب العالم المتحضر كإقالة وزير الدفاع رامسفيلد أو نائبه أو أي رمز من رموز قوات الاحتلال الأميركية في العراق، المسؤولين المباشرين عن عمليات التعذيب والتحقير التي يتلقاها الأسرى هناك ، يفاجأ العالم الأول من أمس بظهور الرئيس بوش في البانتاغون، لينوه بـ "مناقبية" رامسفيلد وحسن إدارته للحرب العراقية أو كما يسمونها "الحرب من أجل العراق" حيث قال: "إنك أفضل وزير للدفاع عرفته الولايات المتحدة والبلاد مدينة لك بالكثير". هذا وذكرت الصحف الأميركية أن بوش توجه إلى وزارة الدفاع بعد أن شاهد أفلام الفيديو والصور التي تم التقاطها في سجن "أبو غريب" وهي غير الصور التي أصبحت شائعة في متناول الجميع.

وهذا الموقف للرئيس بوش والاشادة بدور وزير الدفاع يذكرنا بموقفه من رئيس الوزراء الاسرائيلي أرييل شارون حين لقبه بـ "رجل السلام" لدى زيارة هذا الأخير إلى واشنطن بعد حرب الابادة التي شنها على الضفة الغربية من فلسطين المحتلة حيث لم يترك شكلاً من أشكال القتل والتدمير والترويع إلا ومارسه ضد العزّل من الشعب الفلسطيني الآمنين في بيوتهم وجوامعهم وكنائسهم. ففي كلا الموقفين تبرز شخصية الرئيس بوش دون تناقض: إنه الغباء أو الاستغباء لا فرق، طالما أن النتيجة واحدة. والنتيجة التي نراها، في حسابات الادارة الأميركية على الأقل،

هي الاستمرار بتنفيذ الخطة الرامية إلى الهيمنة على القرار الدولي والاستيلاء على كل موقع طبيعي في العالم أياً كان الثمن أو السبيل إلى ذلك..

هذه الفضيحة وغيرها من الفضائح التي يمارسها جنود الاحتلال على مرأى ومعرفة القيادة، أدخلت الشك في نفوس السياسيين وكبار قادة الجيش الأميركي وبدأت الانقسامات تظهر جلياً في صفوفهم. واليوم بعد فضيحة سجن "أبو غريب" وتصريح الاشادة بالوزير رامسفيلد، هبطت أسهم الرئيس بوش بشكل ملحوظ بنتيجة استطلاع للرأي العام الأميركي أجري البارحة حيث لم يوافقه سوى 41% على سياسته الخارجية في حرب العراق بينما بلغت نسبة المعارضين 58%. وكذلك فقد أثار بوش رجال الكونغرس الأميركي، في التنويه بمزايا رامسفيلد "النادرة" وكان هؤلاء ينتظرون الاعلان عن إقالته أو محاكمته، بما تمليه أبسط القواعد والأعراف السياسية، فاعتبروا الموقف هذا تحدياً لهم ومنافياً لما تدعيه أميركا من قيم وفضائل بوجه العالم، مما جعلهم يفتحون ملف التحقيق بالفضيحة مع كبار الضباط المتورطين بحرب العراق واعتبروا أن مثل هذه الممارسات مدبرة وتدخل في استراتيجية القضاء على المقاومة العراقية.

وفي العودة إلى سجن "أبو غريب" حيث استباح حراس السجن الممارسات الجنسية الشاذة مع الأسرى من العراقيين، فليس ما يبرر الفعل هذا وإن ثبت في النهاية بأنه عمل فردي لا علاقة للقيادة به (وهذا ما يحاول الاعلام الأميركي تثبيته حيث أعلن بأن الأجهزة التي استعملت في التصوير هي كاميرات خاصة لأفراد في الجيش). فلو سلمنا جدلاً بأنه عمل فردي أو عمل قامت به مجموعة بغير علم القيادة.. فأين هي القيادة ورقابتها على سير الأمور في السجن وأين هي الشرطة العسكرية المناط بها السهر

للحؤول دون خرق القوانين الدولية بحق السجناء وفي طليعتها القواعد التي أرستها "إتفاقية جنيف" بحظر أعمال العنف والتعذيب النفسي والجسدي والجنسي.. ولو سلمنا بأن عناصر الجيش الأميركي، أبطال الفضيحة الأخلاقية، تعمل على غرار قيادتها بضرب القوانين الدولية بعرض الحائط، فما هي مصلحة الولايات المتحدة من إغفال المراقبة وترك الأمور على غاربها.. بل ما هي مصلحة بوش القادم على انتخابات الرئاسة الثانية في موسم الشح والتراجع.. ففي ظروف عصيبة كهذه كان على الرئيس أن يضحي بوزير الدفاع (ولو كبش محرقة) حفاظاً على رأس إدارته وربما لكانت ارتفعت نسبة شعبيته بدلاً من أن تنحسر إلى 41% وربما في الغد إلى أدنى..

ومن دون تعليق على ما جرى ويجري يومياً على أيدي قوات الاحتلال العاملة "من أجل العراق الديمقراطي الحر" نورد ما يلي:
ـ خلال شهر أكتوبر 2003 شاهد بعض المراقبين التابعين للصليب الأحمر الدولي مجموعة من المعتقلين العراقيين عراةً طوال الليل والبعض الآخر يرتدي ملابس داخلية نسائية.
ـ وفي تقرير آخر للصليب الأحمر جاء فيه أن أكثر من مئة أسير عراقي قضوا لمدة شهور عديدة في سجن لا يدخله نور الشمس.. وهذا الأمر مناف لاتفاقية جنيف.
ـ ضباط في جيش الاحتلال الأميركي يخبرون مراقبين الصليب الأحمر بأن تسعة من أصل عشرة من السجناء اعتقلوا بالخطأ ويجب ألا يكونوا بين الأسرى..

وهذه التقارير ليست من صنع البارحة أي بعد فضيحة "أبو غريب". إنها بعض من تقارير سابقة كثيرة تدل على أسلوب الارهاب المبتكر باستخدامات جديدة. وهو عبرة لمن اعتبر من العراقيين المتعاملين مع الاحتلال قبل المقاومين له. إنه التحدي

الصارخ بوجه الانسانية جمعاء والسيف المسلط على رقاب المعترضين..

جاءنا منذ قليل أنه تم الاتفاق على القمة العربية بعد تمخض عسير.. فهل سيحمل الملوك والرؤساء العرب ملف سجن "أبو غريب" معهم إلى تونس الخضراء ليتحفوا به نقاشات القمة الآتية والتي ستحمل شعارات "الاصلاح الديمقراطي"..؟

لعبة الكبار يدفع ثمنها الصغار..

2004/5/15

المنطق الذي يستخدمه الرئيس بوش في التعاطي مع أزمة الشرق الأوسط ابتداءً من الصراع الاسرائيلي ـ الفلسطيني مروراً بالحرب على الارهاب وغزو العراق، قد بدأ عده العكسي بحيث يفقد مصداقيته وشعبيته يوماً بعد يوم إذ يظهر النوايا الأميركية العدوانية، ليس للفلسطينيين والعراقيين وحسب، وإنما لسائر شعوب العالم التي تراقب التطورات وتطرح في اليوم الواحد ألف سؤال.. ففي إسرائيل يبدو لك بوش يهودياً أكثر من كل اليهود وفي الأرض المحتلة فلسطينياً أكثر من كل الفلسطينيين، وفي العراق عراقياً أكثر من كل العراقيين.. وكيف لا وهو الحريص على نقل الحريات والاصلاحات الديمقراطية إلى كامل منطقة الشرق الأوسط المثقلة بـ "الجهل والتخلف" .. أما في الحرب على الارهاب، فهو قد نصّب نفسه الوصي والولي المدافع عن حقوق الانسان أينما وجد في العالم..

ومن أجل تأمين الأجواء الملائمة لنقل "القيم الأميركية" النادرة إلى مختلف انحاء العالم، وطالما أن الولايات المتحدة هي في حالة حرب مستمرة ـ مع عدو أو بدونه ـ فقد أجاز بوش لنفسه أن يطلق "الأحكام العرفية" من تصريحات وقرارات وتوجيهات ظناً بأن كلمته سيكون لها الوقع الحسن أياً كان شكلها أو رد الفعل عليها حتى ولو كان المراقبون، من أميركيين أو غير أميركيين، يعتبرون مثل هذه السياسة هذياناً أو نفاقاً أو الاثنين معاً. ويمكن اختصار

هذا الواقع بأنه خروج عن المألوف في السياسة الخارجية الأميركية وقد يحمل معه ردات فعل عكسية ليست في مصلحة الدولة العظمى بشيء.

بالأمس القريب، عندما أعلن بوش الحرب على الارهاب على أثر أحداث الحادي عشر من أيلول، وقفت إلى جانبه دول العالم كافة بما فيها دول عربية قيل بأن بعض المتهمين بالتفجيرات ينتمون إليها. كما حصل على موافقة مجلس الأمن الدولي بالاجماع لأن عملاً إجرامياً بهذا الحجم، وهو سابقة خطيرة من نوعها، لا يمكن السكوت عنه وبالفعل قد لاقى استنكاراً واستهجاناً دوليين. أما في حربه على العراق، فبدلاً من أن ينتظر التأييد الدولي ليقرر الحرب على غرار ما فعله في الحرب الأولى، أدار بوش ظهره لمجلس الأمن ولدول كبيرة كانت حتى الساعة تعتبر صديقة أو حليفة للولايات المتحدة، لأن هذه الدول لم توافقه على مشروع الحرب لعدم توافر المبررات الشرعية لقيامها، فمشى إليها بمن حضر من قوى التحالف التي تنتمي إلى أكثر من خمسين دولة إلا أن قواتها لا تزيد على الخمسة والعشرين ألف جندي مجتمعة بينما يبلغ عدد الجنود الأميركيين الماية والخمسين ألفاً بأقل تعديل. ويمكن القول باختصار إنها حرب تخوضها القوات الأميركية، بالرغم من وجود قوات أخرى غير أميركية، وتتحمل الولايات المتحدة وحدها تبعاتها وما ينتج عنها من أضرار.

في أواخر شهر نيسان عام 2003 وقف بوش على حاملة الطائرات "ابراهام لينكولن" ليعلن عن "الإنجاز التاريخي" في العراق حيث قال: اليوم أنجزنا المهمة وقد أصبح العراق حراً.. ومن هناك توالت سلسلة من التضليل الاعلامي لا تزال مستمرة حتى اليوم، حيث لا أثر لأسلحة الدمار الشامل ولا لدليل واحد

يثبت الادعاء بأن النظام المخلوع كان على صلة بتنظيم القاعدة. وهذا يعني سقوط المقولة التي تقول بأن العراق يشكل خطراً على العالم بخلاف ما روج لها في الاعلام المسيس. واليوم بعد مرور سنة على كلام بوش تشهد الساحة العراقية غلياناً أمنياً، ربما لم يكن في الحسبان، يسقط فيها القتلى من الجانبين بأضعاف العدد الذي كان عليه يوم الاعلان عن إنجاز المهمة.

وخلال شهر نيسان الماضي قام شارون بزيارة إلى واشنطن لطرح مشروع عدائي جديد بوجه الشعب الفلسطيني يتضمن نقاطاً رئيسية ثلاث: 1 - الانسحاب الأحادي الجانب من قطاع غزة، 2 - ضم المستوطنات اليهودية في الضفة الغربية و3 - حرمان اللاجئين الفلسطينيين من حق العودة. فما كان من الرئيس بوش إلا أن وافق على المشروع بكامله دون تردد مما أثار الاستغراب، وهذا ما لم يفعله رئيس للولايات المتحدة في السابق، وكان شارون أول المستغربين إذ لم يكن ينتظر الموافقة على جميع مطالبه لأنه كعادته يطلب الكثير للحصول على القليل.. وقد اعتبر المراقبون السياسيون والدبلوماسيون أن في تصرف الرئيس بوش هذا صدمة للادارة الأميركية في سياستها الخارجية مما حمل ما يزيد على الخمسين دبلوماسياً أميركياً سابقاً لانتقاد بوش، في رسالة بعثت إليه، لدعمه رئيس الوزراء الاسرائيلي، بما حرفيته: "إن دعمك المعيب للاغتيالات غير القانونية التي يقوم بها شارون، ولجدار الفصل الاسرائيلي الذي يشبه جدار برلين، ولاجراءات إسرائيل العسكرية القاسية في الأراضي المحتلة والآن دعمك لخطط شارون الأحادية، تكلف بلادنا مصداقيتها ومكانتها وأصدقاءها". هذا واعتبرت رسالة الدبلوماسيين أن بوش وضع جميع الأميركيين في موقف خطر لاعتماده سياسة الانحياز في الشرق الأوسط.. أضف إلى ذلك الفضائح الأخلاقية التي تقوم بها عناصر من جيش الاحتلال الأميركي في سجن أبو غريب وقد

كشف النقاب عنها مؤخراً، وسرعان ما أسدل الستار عليها بإعلان توقيف مرتكبي القباحات هناك ومحاكمتهم. غير أن مثل هذه التجاوزات المعيبة وإن كانت صادرة عن مجموعة أفراد إلا أنها تدل على الاستهتار والتساهل اللذين تتعامل بهما القيادة مع عناصرها.

هذا قليل من كثير يمكن أن يثار في مجالات التضليل المعتمدة اليوم في الادارة الأميركية. إلا أن تناط شؤون الولايات المتحدة الأميركية الداخلية والخارجية بشخص الرئيس الذي يعطيه الدستور كامل الصلاحيات، مسألة تبدو في غاية الخطورة والأهمية معاً، خاصة في السياسة الخارجية عندما يرتجل الرئيس تصريحه أو خطابه أحياناً حيث تتسع الدائرة للخطأ الذي يؤدي غالباً إلى الفشل ومنه، فيما بعد، إلى العبث بحقوق الشعوب الصغيرة لتبرير الخطأ .. وهل من يحاسب رئيس الدولة العظمى إذا فشل..؟
بالطبع لا! إذ علمتنا الأيام بمرارتها وآلامها، بأن لعبة الكبار يدفع ثمنها الصغار..

خيارت الديمقراطية الجديدة..

2004/5/19

تتوالى الأحداث الخطيرة والمؤلمة في العالم العربي بسرعة مذهلة لا يتسع معها الوقت للتأمل والوقوف عند أحدها حتى تفاجئك الأخبار بوقوع حدث جديد أكثر خطورة وأشد إيلاماً.. فمن فلسطين إلى سوريا والعراق، ومن الجزائر إلى مصر والسودان، ومن ليبيا إلى الخليج العربي وباكستان وأفغانستان... "فمن لم يمت بالسيف مات بغيره" تعددت الأسباب والأشكال ولكن نهاية المطاف واحدة: ذل وتحقير واغتصاب.. وربما الآتي أعظم.

وفي البداية كانت أحداث الحادي عشر من أيلول في الولايات المتحدة الأميركية التي قيل بأنها من تدبير وتنفيذ تنظيم القاعدة الذي يترأسه أسامة بن لادن. فقامت قيامة الادارة الأميركية وصممت على الثأر الذي أخذ شكل الحرب على الارهاب وكان من نتائجه تدمير أفغانستان وزهق أرواح الآلاف من المواطنين العزل وبالتالي وضع العرب والمسلمين في خانة "الارهاب" حتى ثبوت العكس مما أدى إلى تعرض الجاليات العربية في المغتربات للتعديات والاهانات ولا تزال. واليوم، بعد مرور ثلاث سنوات، يكتشف العالم بأن أحداث أيلول تركت علامات استفهام كثيرة وأن قرائن عديدة تشير إلى ضرورة إعادة فتح ملف التحقيق، مما أدى إلى قيام هيئة دولية مهمتها تقصي الحقائق حول الحادي عشر من أيلول تبدأ أعمالها في مطلع الأسبوع المقبل في تورنتو ـ كندا ويشترك فيها حشد من الباحثين والمتخصصين من مختلف دول العالم..

وقبل الانتهاء من أفغانستان والقبض على أسامه بن لادن أعلنت الولايات المتحدة الحرب على العراق بحجة القضاء على نظام صدام حسين، المالك لأسلحة الدمار الشامل والمهدد للأمنين القومي والدولي، وقد ضربت توصيات مجلس الأمن الدولي بعرض الحائط متجاوزة كل الأعراف والقوانين الدولية. ويكتشف العالم بعد تدمير العراق والقضاء على الآلاف من شيوخه ونسائه وأطفاله بأن النظام المخلوع لم يكن حائزاً على أسلحة الدمار وأنه لم يكن على صلة بتنظيم القاعدة كما أشيع. ويضاف اليوم إلى سياسة التضليل المعتمدة، إعترافات وزير الخارجية الأميركية كولن باول من على شاشة الـ إن بي سي الأميركية يوم الأحد الماضي، أن المعلومات التي اعتمدتها الادارة الأميركية حول أسلحة الدمار الشامل، وكانت الذريعة لشن الحرب على العراق، جاءت من المخابرات المركزية الأميركية. ويضيف باول: "لقد كان هذا خطأً استراتيجياً ونأسف للاعتماد على هكذا معلومات أقل ما يقال فيها إنها غير دقيقة".

أما في فلسطين، ففي كل مرة تتحدث الأخبار عن عودة قريبة للاسرائيليين والفلسطينيين إلى طاولة المفاوضات أو عن المساعي الأميركية "المباركة" لهذه العودة، يحدث ما ليس بالحسبان. فتقوم إسرائيل بتفجير الوضع الأمني وتقصف الضفة والقطاع وتودي بحياة الأبرياء في فعل إجرامي معتمد تسميه "حرباً وقائية". وفي كل مرة يستنكر العالم فعل إسرائيل ويدين سياستها العدائية للسلام وحقوق الانسان وفي كل مرة تربت الادارة الأميركية على كتف إسرائيل داعية لها بالمزيد من "الانتصارات" حتى أخذ الهوس بالرئيس بوش بأن أطلق على شارون لقب "رجل السلام" على أثر انتهاء هذا الأخير من اجتياح وتدمير الضفة الغربية في "حربه الوقائية" السنة الماضية.. واليوم تتكرر الاعتداءات على قطاع

غزة حيث تقوم الجرافات الاسرائيلية بنزع المنازل الفلسطينية من جذورها وهدم بعضها على رؤوس أصحابها والتعليق الحكومي الأميركي يقول: "من حق إسرائيل أن تدافع عن نفسها".

يتمادى الثنائي الأميركي ـ الاسرائيلي على امتداد العالم العربي ويستبيح المحرمات بجميع أشكالها: بالاعتداء والتنكيل، بالقتل والتدمير، بالخداع والتضليل، وليس من يسأل أو يحاسب. وأمام هذه "الديمقراطية الجديدة" تقف الدول العربية بين خيارين لا ثالث لهما: فإما الرضوخ للأمر الواقع والاستجابة لمطالب "القوي الجبار" وإما التسليم بإدراجها على "لائحة الارهاب".. من هنا كان تطبيع دول الخليج العربي وقبولها استضافة جيوش الاحتلال الزاحفة إلى العراق.. ومن هنا كان قرار فرض العقوبات على سوريا "العاصية".. ومن هنا كان "انفتاح الفاتح" على الغرب وتسليمه مفاتيح الجماهيرية.. ومن هنا كان صمت العروش والهيئات العربية حول فضيحة سجن أبوغريب التي جعلت من وزير الدفاع الأميركي رامسفيلد بطلاً أسطورياً (بنظر بوش على الأقل) والتي اثارت قرف العالم بأسره وكانت محل إدانته وغضبه، غير أنها لم تحرك في ضمائر الملوك والرؤساء ساكناً.. لعلهم كانوا مشغولين بالتحضير لجدول أعمال المؤتمر القادم المخصص لـ "خيارات الديمقراطية الجديدة".

إذا ما نظرنا في استراتيجية السياسة الأميركية ـ الاسرائيلية في الآونة الأخيرة يتبين لنا كيف أخذت تعتمد، لتبرير أفعالها، على الخداع والتضليل والمجاهرة بالباطل بشيء من التحدي والاستخفاف، ليس بوجه العرب وحسب وإنما بوجه العالم بأسره. فعلى الرؤساء والملوك المعنيين بالهجمة الشرسة على عروشهم وشعوبهم، أن يرفعوا الصوت (ولو خافتاً) لتذكير القادمين إليهم بأن

بعضاً من الكرامة لا يزال يجري في عروقهم، فإن لم يلقوا مأمن الغازي فقد يلقون بعض الاحترام وبهذا يحفظون بساط العرش ويبعدون لعنة الشعب عليهم..

الدمى المتحركة.. على المسرح التونسي..

2004/5/26

وأخيراً وصلنا عزيز أخبارهم من تونس حيث التأم شمل الأحبة الذين آلمهم تأجيل القمة في آذار الماضي "فكان لهم على تونسَ الخضراء لدعم القمة مؤتمرُ".

قمة خجولة افتتحت بحضور ثلاثة عشر من الملوك والرؤساء واختتمت بثمانية لانشغال المغادرين والمعتذرين منهم بما هو أهم من القمة، قد يكون التحضير لتحرير فلسطين أو العراق، أو ربما التدريب لتلقي أصول الديمقراطية الجديدة أو التطبيع على قبول مشروع الشرق الأوسط الكبير..

بين التأجيل والانعقاد للقمة شهران مليئان بالأحداث والتطورات: على الساحة الفلسطينية تم اغتيال زعيمي حركة حماس، الواحد تلو الآخر، بخطة جهنمية قلَّ نظيرها، أكد على أثرها شارون استمراره في ملاحقة المقاومين في فلسطين وتصميمه على التخلص من جميع رموز المقاومة.. قوات الاحتلال الاسرائيلية تتابع عمليات البطش والتنكيل في غزة وتكاد أن تزيل بلدة "رفح" بجرافاتها الحاقدة.. الانتهاكات الاسرائيلية تحصد عشرات القتلى والجرحى من الفلسطينيين الآمنين يومياً.. كل هذا يدور على مرأى القادة العرب الذين يقضون معظم أوقاتهم أمام شاشات التلفزة، وفي ظل صمتهم المخجل. والادارة الأميركية تنوب عن

إسرائيل بالتصريح أمام العالم: "من حق إسرائيل أن تدافع عن نفسها"..

أما على الساحة العراقية فهناك أكثر من تطور بارز: ضربت قوات الاحتلال الأميركية مدينة الفلوجة في ملاحقة للمقاومة العراقية نتج عنها تدمير المدينة وقتل وجرح الآلاف من الاطفال والنساء والشيوخ العزل.. قامت مجموعة من حراس سجن "أبو غريب" بالتعدي على الأسرى العراقيين بشتى أنواع التعذيب الوحشي والجنسي والتقاط الصور وأفلام الفيديو أقل ما يقال فيه أنه يخالف القوانين والأعراف الدولية خاصة "إتفاقية جنيف" بشأن أسرى الحرب. وبدلاً من أن يطلب الرئيس بوش تنحي وزير الدفاع رامسفيلد للحفاظ على مصداقيته بخصوص الديمقراطية المحمولة إلى الشرق الأوسط وإبعاد النقمة عنه داخلياً وخارجياً، راح بكل وقاحة واستغباء للرأي العام ينوه بمزايا رامسفيلد الذي "لم تعرف الولايات المتحدة الأميركية أفضل منه وزيراً للدفاع حتى تاريخه".. وفي الأسبوع الماضي قامت الطائرات التابعة لسلاح الجو الأميركي بقصف تجمع سكني في غرب العراق قتلت فيه ما يزيد على الأربعين مواطناً معظمهم من الأطفال جاءوا ليحضروا عرساً في البلدة.. هذا بالاضافة إلى الانتهاكات اليومية التي يمارسها جيش الاحتلال بحق المواطنين الآمنين..

هذه الأحداث التي تمخض عنها الوضع العربي المتردي في أسوأ صورة وغيرها من الشؤون العربية المشتركة العالقة بين مؤتمر وآخر للقمة، إما بسبب التأجيل أو الالغاء، أو بحجة مرور الزمن عليها، أو بسبب إغفال إدراجها على جدول الأعمال.. هل حملها القادة العرب هذه المرة إلى طاولة المؤتمر الأخير في تونس..؟؟ ربما كان الجواب بالايجاب غير أنه لم يظهر هذا جلياً في نتائج القمة وتوصياتها أم أنه أرجىء النظر فيها بانتظار اكتمال نصاب الرؤساء والملوك في قمة مقبلة إذا أتيح لها الانعقاد..

ويبقى "أهم" ما في هذه القمة الملاحظات التي جاءت بعد الانعقاد على لسان المتحدث باسم وزارة الخارجية الأميركية ريتشارد باوتشر الذي ابدى ارتياحه لمقررات القمة العربية خاصة فيما يتعلق بالاصلاحات الديمقراطية وتأييد عملية تسليم السلطة في العراق والحل السلمي للنزاع الفلسطيني الاسرائيلي. وكأن بهذا الارتياح الأميركي ما يؤكد الاستخفاف الأميركي بالقمم العربية وبمقرراتها من جهة، وما يعزز موقع الأنظمة من جهة أخرى، بوجه شعوبها التي بلغت ذروة عالية من اليأس والإحباط. وقد تعودت هذه الشعوب في كل قمة تعقد على سماع مثل هذه التوصيات والمقرارات التي ينتهي مفعولها بمجرد الانتهاء من الجلسة الختامية..

فإذا ما نظرنا إلى المقررات التي انتهت إليها القمة، فليس من الصعب على أحد أن يدرك أنها جاءت بوحي التوصيات الأميركية التي تروج للاصلاحات الديمقراطية وتسليم السلطة للعراقيين. فالدمى عربية والخيطان المحركة لها أميركية. وفي الغد القريب ستعمل الادارة الأميركية على تنفيذ خطتها في الشرق الأوسط، من خارطة الطريق إلى مشروع الشرق الأوسط الكبير إلى تمديد الاقامة لجيوشها في العراق، بتبرير شرعي واضح تدعيه تنفيذاً لمقررات القمة العربية الأخيرة في تونس..

فهل يطول المشهد الأخير للدمى المتحركة.. على المسرح التونسي؟.

❖

الشراكة الصناعية.. والشكل الآخر للإستعمار!!

2004/6/15

ماذا تعني "الشراكة" مع الشرق الأوسط التي أطلقتها مجموعة الدول الثماني الصناعية الكبرى في العالم في ختام قمة "سي آيلند" في جورجيا.. وماذا يعني تصريح جورج بوش الذي كان على رأس القمة عندما قال "إن الحرية في الشرق الأوسط هي الأمر الذي لا بد منه في هذا العصر".. بل ماذا يعني تشكيل "المجلس من أجل المستقبل" المقترح الذي سيضم مجموعة الدول الثماني إلى جانب دول الشرق الأوسط وشمالي أفريقيا.. ولماذا تطلق مبادرات الاصلاح في هذا الوقت بالذات حيث يعزز الاحتلال الأميركي تواجده على صدر المنطقة الشرق أوسطية (المعنية بالاصلاح) مع اقتراب موعد تسليم السلطة الانتقالية إلى العراقيين.. وكأن قمة "سي آيلند" جاءت لتعلن عن الدور الجديد للأولياء "الأوفياء"، متولي السلطة في دول المنطقة، أو لتضع في أفواههم كلاماً يرددونه من غير أن يفهموه..

من المفترض، كما أعلن في ختام القمة، أن تقوم "الشراكة" على تعاون فاعل مع حكومات منطقة الشرق الأوسط الكبير وشمالي أفريقيا وكذلك مع ممثلي القطاع الاقتصادي والمجتمع الأهلي لترسيخ الحرية وتسريع الاصلاحات الديمقراطية مع السعي لتسوية شاملة للصراع العربي الاسرائيلي على قاعدة القرارات الدولية الصادرة عن الأمم المتحدة.. فمن حيث العرض تبدو المبادرة مثالية في الشكل والمضمون وقد تلقى الأبواق المحلية

والدولية الكفيلة للترويج والتسويق لكنها غير ممكنة التطبيق عل الأرض لأكثر من سبب:

أولاً: إن التغيير والاصلاح المطلوبين، من خلال الشراكة المزعومة، لا يمكن أن يفرضا من خارج بلدان الشرق الأوسط لأنهما يشكلان بالأصل حاجة وطنية لا يمكن أن يحدد شكلها أو مكانها وزمانها إلا صاحبها. أضف إلى ذلك أن التغيير الذي ستقرره الدول الثماني لن يكون اقتراحاً حراً للمناقشة وإنما فرضاً واجباً للتنفيذ، من وضع وإقرار الرأس الأميركي المدبر. وهنا تنتفي حرية الاختيار وتنعدم الأصول الديمقراطية التي يبشر بها الأميركيون. والحرب على العراق خير دليل على ما نقول حيث يكثر الكلام عن قوات التحالف المحتلة للعراق فيما القرار الأول والأخير هو للارادة الأميركية المنفردة.

ثانياً: إن قيام "الشراكة" على تعاون مع الحكومات من جهة والمجتمع المدني من جهة أخرى داخل البلد الواحد، أمر غير قابل للتنفيذ إلا إذا كان القصد من ورائه إحداث فتنة داخلية، طائفية أو طبقية أو سياسية. إذ كيف يمكن أن يتم التعاون فيما بين الأنظمة الحاكمة، المرتهنة في غالبيتها للخارج والقامعة لشعوبها، والمجتمع المدني من أحزاب وجمعيات ونقابات التي هي بطبيعتها معارضة للحكومات. وإذا ما تصور أحد من بلدان الشرق الأوسط إمكانية حصول ذلك فلواحد من إثنين: إما جهلاً وإما تواطؤاً لجر الويلات على البلاد..

ثالثاً: ومن مهام "الشراكة" أيضاً السعي لإيجاد تسوية شاملة وعادلة للنزاع العربي الاسرائيلي لأن استمرار النزاعات الاقليمية، كما ورد في نص الاعلان، يشكل حاجزاً في وجه الاصلاحات الديمقراطية.. وهذا الأمر هو الآخر مستحيل التطبيق

لسبب بسيط جداً وهو أن إسرائيل ترفض الانصياع للقرارات الدولية كما أنها تضرب بعرض الحائط كل أشكال الادانة والاستنكار على خروقاتها المستمرة لحقوق الانسان والقوانين الدولية مبررة انتهاكاتها وتعدياتها واستهتارها بالغطاء الأميركي منذ نزول الاحتلال الاسرائيلي في فلسطين. والمؤسف أن جميع من كانوا في قمة الثماني في "سي آيلند" يعرفون ذلك ولا يعترضون أو يتحفظون على نص المبادرة خوفاً من غضب السيد المتربع على رأس القمة..

رابعاً: يفترض بالشراكة مع الشرق الأوسط بأن يكون للأمم المتحدة دور في مقررات الشراكة، وهو حالها في كل القضايا ذات الصفة الدولية، ولكن هلا يزال يصح الاعتماد على المنظمة الدولية بعد أن فقدت هيبتها يوم أبعدتها الولايات المتحدة عشية غزو العراق.. وهذه المنظمة، التي كان من المفترض ان تكون ملاذ الضعيف والمعتدى عليه من الدول الصغيرة وخاصة دول العالم الثالث، تكاد أن تصبح دمية بلا حراك وإن تحركت فلتنفيذ أمر جاءها من الادارة الأميركية.. فكيف لهذه المنظمة أن تقيم شراكة دولية بعد السقوط الكبير؟

خامساً: كيف اكتشف الأميركيون "الشرق الأوسط الكبير" وما هي حدوده الجغرافية.. نتفق هنا مع الكاتب وعضو البرلمان المصري السيد مصطفى الفقي الذي قال: "إن التاريخ الحديث للشرق الأوسط كانت له شخصيته التقليدية وأطرافه المعروفة إلى أن تفتحت الشهية الأميركية على المنطقة في إطار وراثتها للاستعمارين البريطاني والفرنسي.. وتكوين الشرق الأوسط من أغلبية عربية كان ولا يزال أحد مصادر القلق في ربط الاقليم جغرافياً بالعروبة. ولعل تعبير "الشرق الأوسط الكبير" الذي

خرجت علينا به الولايات المتحدة الأميركية هو تأكيد لمعنى تذويب الوجود العربي في كيان أكبر بحيث لا يصبح الشرق الأوسط مرادفاً لأغلبية عربية بل لغالبية إسلامية واعتبار هذه المنطقة البيئة الحاضنة للتطرف والارهاب.."

وفي عودة إلى موضوع "الشراكة" المقترحة في قمة الثماني، سواء كانت مع الشرق الأوسط الكبير أم الصغير، ومع يقيننا الكامل بأن الشراكة المعلنة ليست سوى مشروع فارغ من كل مضمون تغييري أو إصلاحي، يبقى من المؤكد، وهذا يعرفه بوش كما يعرفه كل من كان في "سي آيلند"، أنه لا يمكن تطبيق الديمقراطية في العالمين العربي والاسلامي في ظل الأنظمة الراهنة القامعة للحريات. كما أنه لا يمكن استيراد الديمقراطية واستهلاكها في الداخل على "الطريقة الأميركية". وجل ما في المشروع أنه يمهد لمرحلة جديدة من "الغزو الديمقراطي" في المنطقة لإلهاء الناس عن ممارسات الاحتلال في العراق وتعدياته اليومية، ولتنفيذ شرعنة السيطرة على نفط العراق من خلال عقود ستوقعها الادارة الأميركية قريباً مع الحكومة الوطنية الانتقالية.. ونعود للشراكة المطروحة لنقول: أهي شراكة صناعية.. أم شكل آخر للاستعمار..؟!

الشرق الأوسط الكبير.. والسلام المحال!

2004/6/24

في استعراض لما يدور على الساحة العربية من تصريحات وأكاذيب مضللة وانتهاكات وتعديات فاضحة، برعاية وحماية الاحتلال الأميركي الواعد بالسلام والحريات وإشاعة الأمن والاستقرار، ومساندة جيش الاحتلال الاسرائيلي الممعن فتكاً وتدميراً في الضفة والقطاع، يتساءل المواطن العربي بما تبقى له من صبر وجلد على الحمل الثقيل.. من أي باب سيدخل علينا السلام وما هي المعايير التي سيرتكز عليها في جو التناقضات التي نشهدها والتي تتفاقم من جرائها الأزمات الواحدة تلو الأخرى..

أهل يدخل السلام من سجن "أبو غريب" حيث ارتكبت القوات الأميركية الجرائم الوحشية بأبشع صورها وفق برنامج مدروس كشف عنه الصحفي الأميركي سيمور هيرش في تقرير لصحيفة "نيويوركر" الأميركية مفاده أن وزير الدفاع الأميركي دونالد رامسفيلد قد أقر بنفسه برنامجاً سرياً يشجع الانتهاكات الجسدية والاهانات الجنسية وجرائم الحرب ضد المعتقلين العراقيين بحجة الحصول على معلومات استخبارية.. أم اننا ننتظر السلام على أجنحة الطيران الحربي الأميركي الذي أغار على "الفلوجة" ليقتل العشرات من الأطفال والنساء من دون سابق إنذار بذريعة أنه يطارد أبو مصعب الزرقاوي أحد رموز تنظيم "القاعدة" الذي لم يكن له أثر هناك وقد قامت المظاهرات تستنكر وتدين الغارة ورفع

المتظاهرون لافتةً كتب عليها: "كذبة الزرقاوي تشبه كذبة أسلحة الدمار الشامل والفلوجة ترفض هذه الادعاءات"..

هل ننتظر السلام من مواقع خريطة الطريق الأميركية الاسرائيلية التي بات الحكام العرب متحمسين لها أكثر من واضعيها.. فإذا كان ما تقوم به إسرائيل من تدمير وإحراق للقرى والمدن الفلسطينية نموذجاً حياً لهذه الخريطة التي ستحقق قيام الدولة الفلسطينية المستقلة، فلا عجب إذن أن تعمل قوات الاحتلال الاسرائيلية على تدمير ما يقارب العشرة آلاف منزل في قطاع غزة وحده وثلاثة آلاف منزل في "رفح" كان يسكنها ما مجموعه خمسة وأربعون ألف مواطن نصفهم من الأطفال.. هذا ولا تزال القائمة طويلة بالمنازل التي تقرر هدمها في جنوب قطاع غزة في المرحلة القادمة للانسحاب، على حد تأكيد رئيس أركان الجيش الاسرائيلي موشيه يعلون. وهذا الانسحاب الأحادي الجانب يؤيده الرئيس الأميركي جورج بوش وكان قد أعلن عن ترحيبه بالخطوة هذه لأنها تمهد لانسحابات مماثلة من الضفة الغربية (على حد قوله).. وهذا يعني بالتالي أن تشهد الضفة الغربية عمليات هدم وتدمير مماثلة "تنفيذاً لخريطة الطريق".. وهل يعني هذا غير الاستمرار في سياسة شارون الحاقدة المدعومة أميركياً والمعطلة لكل فرص السلام..؟

هل يعبر السلام وسط إصرار بوش على تصفية فصائل المقاومة الفلسطينية واللبنانية واعتبارها منظمات إرهابية تهدد الأمن والاستقرار الاسرائيليين في الوقت الذي يرحب فيه بعمليات شارون الجنونية والارهابية في قطاع غزة.. إن التجارب الطويلة في التعاطي مع الملف الفلسطيني الاسرائيلي يؤكد خرق إسرائيل لاتفاقيات سابقة بالرغم من توقيعها عليها وعدم احترامها المزمن

لوعود قطعتها، مما أوجب على أصحاب الأراضي المحتلة من حولها أن تكون المقاومة الوطنية خيارها الوحيد.. غير أن سياسة الانفتاح التي اعتمدتها السلطة الفلسطينية إلى جانب التنازلات التي قدمتها تلبية لرغبة "الوسيط الأميركي" شجعت هذا الأخير على طلب الكثير. وفي طليعة مطالب "الوسيط" إلغاء المقاومة والابقاء على الاحتلال بدلاً من أن يتجه إلى حل قانوني عادل كطلب إزالة الاحتلال لكي لا تكون هناك مقاومة..

من هنا تبرز أهمية التصدي للممارسات التي تقوم بها قوات الاحتلال بموقف عربي موحد وإن كان يستخف به البعض، إلا أنه يبقى أفضل من الخضوع والاستسلام وانتظار المزيد من الذل والهوان.. نذكر هنا أنه بعد الفضائح المخجلة الناجمة عن جرائم الحرب والتعديات الجنسية على المعتقلين العراقيين، وبدلاً من أن تحاول الادارة الأميركية تصحيح مواقفها، أو على الأقل تهدئة الغضب العربي، واصلت تحدياتها للعرب والاستهانة بعروبيتهم من دون أن تقيم وزناً لغضبهم أو حساباً لمشاعرهم.. وهنا يجدر بنا أن نسأل: هل بإمكان العرب أن يتخذوا موقفاً موحداً واضحاً يضع حداً للمهزلة؟؟

ومن أجواء المشرق العربي ننتقل إلى السودان حيث المشهد ذاته بأبطاله وآلياته ولكن بأشكال مختلفة إذ تمكنت الولايات المتحدة، بفضل سياسة الترغيب والترهيب، من إدخال "متمردي جنوب السودان" إلى الحلبة السياسية بعد صراع دموي استمر خمسة وعشرين عاماً. وقد تم توقيع السلام بين الجنوبيين والسلطة المركزية على أساس اقتسام السلطة والثروة النفطية. وحتى الأمس القريب كانت الولايات المتحدة الأميركية تدعم الجنوبيين وتحثهم على الانفصال تحت شعار "الحق في تقرير المصير" إذا لم تعمل الحكومة على الاعتراف بحقهم وإشراكهم بالحكم وكانت قد

وضعت قانوناً عرف بإسم "قانون تحرير السودان" يفرض عقوبات صارمة على حكومة الخرطوم فيما لو لم تتوصل إلى اتفاق مع جيش تحرير الجنوب السوداني..

وفي هذا الدور، يحرص الوصي الأميركي على حفظ حقه من عائدات النفط كـ "بدل أتعاب" رعايته للاتفاق ونشر "مبادىء العدالة والسلام" في السودان ويهدد من خلال "المتمردين الجنوبيين" بالعودة إلى العنف والسلاح إذا لم تعمل الحكومة على تنفيذ مطالب الجنوبيين. وفي هذا الجو الموتور يرى المراقبون أن الاتفاق وإن كان في مظهره سينهي المشكلة العالقة، إلا أن جذور المشكلة لا تزال تحمل شرارات حرب قد تشتعل في أية لحظة.. أو ليس المشهد على غراره في العراق كما في فلسطين..؟

إذن من أين سيعبر السلام وإلى أين سيتجه..؟ من سيتولى نشره في منطقة الشرق الأوسط الكبير بعد أن تكتمل ملامحه، وكيف سيكون شكله: أهو سلام لتهدئة الحال في عودة الحق والأرض والسيادة؟ أم إنه الاحباط.. أو سلام المحال..؟!

العراق الجديد.. السيادة المحاصرة!!

2004/6/30

جاء نقل السيادة المفاجىء إلى الحكومة الانتقالية في العراق، قبل الموعد المحدد بيومين، ليكشف أكثر فأكثر عن الارتباك الذي تتخبط فيه سلطة الاحتلال الأميركية، خاصة في الفترة الأخيرة، على أثر الضربات الموجعة التي توجهها المقاومة الشعبية والتي تكبد الاحتلال يومياً خسائر جسيمة في صفوف جنوده من جراء التفجير والخطف والتصفيات الجسدية. وقد تمت مراسم "الانتقال" في أحد قصور صدام حسين (المحصّنة) بحضور "ناقل السلطة" ومتلقيها، وفي احتفال متواضع لا يتناسب مع عظمة الحدث الذي من المفترض أن يبرز ملامح العراق "الديمقراطي الجديد" بقيادة سلطة وطنية واعدة هي الأولى بعد التخلص من دكتاتورية صدام التي أغرقت البلاد في الفساد على امتداد ثلاثين سنة..

ولعل اللجوء إلى هذا التدبير كان لتمكين هرب الحاكم الأميركي (الدكتاتور) بريمر قبل أن تنجح فصائل المقاومة (الارهابية) في القضاء عليه حيث أن قوات الاحتلال عاجزة عن ضبط الوضع الأمني وحماية أرواح عملائها. وبالفعل أفادت المعلومات أن بريمر غادر العراق بعد ساعتين فقط من تسليم السلطة ليحل محله السفير الأميركي الجديد جون نيغروبونتي.. ولن يكون هذا الأخير أقل نفوذاً وبطشاً من سلفه وهو المعروف، كما أفادت الوكالات الاعلامية، أنه من أبرز مخططي الحروب الأهلية ومنظمي "فرق الموت" في دول أميركا الوسطى. وبصرف النظر عن المفاجأة، سواءً في تقديم موعد انتقال السلطة أو في تأخيرها، فإن الحدث بحد ذاته يسترعي التوقف والاشارة إلى ما يلي:

أولاً: إن ما يسمى بالمرحلة الجديدة للتواجد الأميركي في العراق ليس سوى استمرار للاحتلال ولكن بحلة جديدة تتوافق مع مزاعمه بنشر الحرية وتحقيق الديمقراطية داخل المجتمع العراقي في ظل حكومة وطنية إنتقالية.. والأمر الثابت أن نقل السلطة إلى العراقيين، ما كان ليقدم موعده لولا تخوف الأميركيين من الظروف الأمنية المضطربة مما يثبت عجز قوات الاحتلال والحكومة المحلية معاً في السيطرة على ثورة الغضب الشعبية العارمة في طول البلاد وعرضها من جراء ممارسات الاحتلال والنافخين بمزاميره.. والواضح أنه لو كان لقوات الاحتلال أن تتخفى وراء السلطة المؤقتة، إلا أنها لن تكون بمنأى عن ضربات المقاومة التي اختارت طريقها النضالية إلى أن يغادر الاحتلال أرض العراق.

ثانياً: إن قيام سلطة وطنية عراقية، مؤقتة أو دائمة في ظل الاحتلال، لا يعني سوى تضليل الشعب وإلهائه بأمور داخلية (طائفية أو مذهبية أو عشائرية) وتنفيذ إرادة الوصي المحتل. وسيتابع الاحتلال سياسة التمويه والتضليل التي اعتمدها منذ اليوم الأول لغزو العراق، لإطفاء الشرعية على مصادرة الموارد الوطنية العراقية، كاستخدام الاجراءات القانونية والعقود التجارية التي سيبرمها مع السلطة الوطنية الانتقالية. وواهم كل من يرى في غير هذا المنظار إذ ليس ما يمكن الولايات المتحدة من تحقيق الحلم الأميركي في السيطرة على العالم ويعيد إلى الخزينة الأميركية بلايين الدولارات التي أنفقت على هذه الحرب غير بترول العراق. أما عن الديمقراطية والحريات فحدث ولا حرج بما شاهدت في أبو غريب والفلوجة وبغداد..

ثالثاً: إن تسابق بعض الحكومات العربية على الترحيب بهذا "الحدث التاريخي" والاعتراف بالحكومة الانتقالية العراقية لم يأت نتيجة لتحرير العراق أو استقلاله عن الارادة الأجنبية، وإنما

لدخوله في حظيرة "الرضى الأميركي" التي تنتمي إليها الحكومات الأخرى.. والواضح في عملية انتقال السلطة أنه ليس هناك ما يشير إلى اتفاقات أمنية تتناول وجود القوات الأجنبية على أرض العراق، ما يعني استمرار مفعول قرار مجلس الأمن رقم 1546 الذي ينص على خضوع القوات الأجنبية إلى القيادة الأميركية على ألا تتدخل الحكومة العراقية بشؤونها إلا من باب التنسيق. ولتكريس هذا الواقع، فقد قام بريمر، قبل ساعات ثلاث من تسليم السلطة، بتوقيع أمر يمنح الحصانة للقوات الأجنبية والمدنيين الأجانب. ويقصد من هذه الحصانة ضمانة إعفاء القوات الأجنبية والمدنيين الأجانب من الاجراءات القانونية العراقية. ويعني هذا التدبير أن يبقى الأمن منوطاً بالقوات الأميركية وكذلك مشاريع الانماء والاعمار..

يستفاد مما تقدم أن الفصل الثاني من مسرحية "تحرير العراق" أو "الحرب من أجل العراق" لن يطرأ عليه ما يميزه عن الفصل الأول: فقد استبدل مجلس الحكم العراقي بالحكومة الانتقالية كما استبدل الحاكم المدني بريمر بالسفير نيغروبونتي. أما القوة الضاربة والمستبدة على الأرض فتبقى القوات الأميركية التي تحتكر "العنف" وتحاصر السيادة العراقية بحصانة قانونية مستمدة من "تشريعات بريمر"، حتى إشعار آخر. أما السيادة الوطنية التي كان ينتظرها بعض المتفائلين والمهللين للاحتلال، فلا أثر لها في ملفات "تسليم السيادة"، فقد صادرها البيت الأبيض لئلا "يفرّط" بها أصحابها أو ربما.. لتقديمها في الفصل الثالث والأخير...!!

خيمة الإحتجاج على جدار العنصرية..

2004/7/14

رحبت الأوساط العربية والدولية بقرار محكمة لاهاي القاضي بإدانة إسرائيل لاعتبار جدار الفصل العنصري، الذي تواصل قوات الاحتلال بناءه في الضفة الغربية المحتلة، انتهاكاً للقانون الدولي والمواثيق الدولية لحقوق الانسان. ولم تكتف المحكمة بالادانة العادية بل ذهبت إلى أبعد من ذلك مطالبةً الأسرة الدولية باتخاذ الاجراءات بحق إسرائيل وإرغامها على تفكيك الجدار والتعويض على الفلسطينيين عن الأضرار التي نجمت من جرائه. وقد وصف هذا القرار الدولي أكثر من مرجع فلسطيني وعربي على أنه "قرار تاريخي" في حياة النضال الفلسطيني من أجل استرجاع الحقوق المسلوبة، كما رأى البعض بأنه يشكل "الأرضية الصلبة" لصراع عربي متطور بوجه الغطرسة الاسرائيلية لأنه مدعم بأسس الحق والعدل الدوليين.

أما الرد الاسرائيلي على "القرار التاريخي" فجاء على لسان وزير الخارجية الذي أعلن عن تواصل عملية إقامة الجدار مؤكداً بأن حكومته لن تلتزم بالقرار الدولي بحجة أن محكمة لاهاي لم تأخذ بالحسبان الضرر اللاحق بإسرائيل نتيجة العمليات "الارهابية" التي تتعرض لها باستمرار.. وبمعنى آخر كان الرد الإسرائيلي كسابقه من الردود: إدارة الظهر للقرار الدولي والاستخفاف بكل أشكال الادانة..

هذا وكان الدكتور عزمي بشاره، رئيس التجمع العربي الديمقراطي والعضو العربي في الكنيست الاسرائيلي، يواصل الاعتصام والاضراب عن الطعام لليوم العاشر على التوالي (اعتباراً من الثالث من تموز الجاري) إحتجاجاً على مضي الاحتلال الاسرائيلي قدماً في بناء الجدار الفاصل في الضفة الغربية. وقد جاء قرار بشاره بالاعتصام، على حد قوله، للفت نظر العالم إلى الجريمة التي ترتكبها إسرائيل، بإقامتها للجدار، في تمزيق حقيقي للمجتمع الفلسطيني مشدداً على أن هذه الجريمة تتطلب رداً يتجاوز التظاهرة والاحتجاج والادانة. ولذلك يواصل إضرابه عن الطعام لشرح المعنى الحقيقي للجدار على الصعيدين العربي والدولي.

وقد جاء تنفيذ هذا القرار النضالي عشية انعقاد محكمة العدل الدولية في لاهاي لإعلان قرارها حول شرعية جدار الفصل والضم العنصري الاستيطاني الصهيوني. ولم يكن الاضراب هذا سوى تتويجاً للحملة الشعبية الفلسطينية لمناهضة الجدار العنصري ولأعمال اللقاء التضامني مع الدكتور عزمي بشاره في نضاله ضد الاجراءات التعسفية الاسرائيلية بحق الشعب الفلسطيني والاستهتار الاسرائيلي الرسمي بالرأي العام الدولي. والجدير بالملاحظة أن الخيمة التي اعتصم فيها بشاره، رغم حداثتها، استطاعت أن تجذب المئات من الشخصيات الفلسطينية والمجموعات الوطنية المتضامنة وتحولت إلى مقر للتنسيق وتأليف اللجان المختلفة لتنظيم الحملة ضد جدار الفصل العنصري بهدف تحويل مبادرة بشاره إلى حملة شعبية..

ومن لبنان وجه النائب وليد جنبلاط رئيس الحزب التقدمي الاشتراكي "رسالة تضامن" إلى الدكتور عزمي بشاره مشيراً إلى أن هذا القرار هو تأكيد لوحدة النضال الفلسطيني بين مناطق الضفة والقطاع من جهة ومناطق الداخل المحتل عام 1948

إضافة إلى أنه يعيد تركيز أنظار العالم والمجتمع الدولي على حقيقة المعاناة الفلسطينية التي تتجسد يومياً بعشرات التضحيات والشهادات.

ففي قراءة بسيطة لمجريات الأمور في الأرض المحتلة، تبدو خطة الخداع الشارونية جليّة وهي لا تختلف عن غيرها من خطط الصهيونية التي باتت مألوفة، والرامية إلى إلهاء الرأي العام بعملية الانسحاب من غزة، في ظل اهتمام عربي ودولي، وتصوير عقبات داخلية وخارجية بوجه الخطة كتصريح السلطات الاسرائيلية وتخوفها المتزايد من لجوء المستوطنين إلى العنف تعبيراً عن معارضتهم لخطة رئيس الوزراء أرييل شارون للانسحاب من قطاع غزة ولم تستبعد حتى احتمال محاولة قتل شارون. ويؤكد أصحاب الرأي المعارض المتشددون أنه لا يمكن لشارون أن يتنازل عن أي شبر من الأراضي التي احتلتها إسرائيل لأنها تشكل جزءاً من "أرض الميعاد". وفي الواقع ليست هذه سوى ملهاة رخيصة، أبطالها من الموالين والمعارضين توزعوا الأدوار المختلفة لإلهاء الناس عن مشروع الجدار الآخذ بالاتساع والاكتمال والذي تؤيده جميع الأطراف الاسرائيلية.

لقد بلغ الجدار الفاصل، بحسب تصريحات بشاره، مرحلة حاسمة إذ يتم حالياً إغلاق المتنفس الوحيد المتبقي بين القدس وقراها وضواحيها كما يتم تغيير معالم البلاد الجغرافية والاجتماعية. واعتبر بأن إغلاق الطريق التاريخي بين القدس ورام الله هو تقطيع لأوصال الشعب الفلسطيني وجريمة إنسانية فادحة. فالتعامل مع الجدار الفاصل يجب أن يأخذ شكلاً آخر غير الاستنكار وقرارات الادانة. والثابت أن إسرائيل قد تعودت على الادانات والاستنكارات والقرارات العربية والدولية بحقها وهي ترتاح لهذا النوع من المواجهة ولا تقيم له وزناً..

إذن ما هو المطلوب لتوقيف أعمال الجدار العنصري، وما هي الخيارات المتاحة..؟
اللجوء إلى المواجهة والعنف..
أم اللجوء إلى الجامعة العربية ومنظمة الأمم المتحدة..
أم الخضوع للجبار الأميركي وطلب المساعدة..؟؟

نخاف في اللجوء إلى الخيار الأول أن يدرج المقاومون الشرفاء على لائحة "الارهاب".
أما اللجوء إلى الخيار الثاني، فهو مضحك بحد ذاته.. كأننا نطلب عطاءً ممن لا يملك..
ولم يبق، على ما يبدو، سوى الخيار الثالث لنقول بالفم العريض:
لا حول ولا قوة إلا بالله..

"الارهاب" سيد الألعاب الأولمبية..

2004/8/10

سيطر القلق على منظمي الألعاب الأولمبية التي ستجري في أثينا - اليونان بعد أيام قليلة بسبب إحجام اليونانيين على شراء التذاكر لحضور المباريات من جهة، ولعدم شدة الاقبال عليها من الخارج، خلافاً للتوقعات، من جهة ثانية. إلا أنه لوحظ مؤخراً ازدياد حجم المبيعات عشية افتتاح الألعاب مما دفع البعض إلى القول بأنه جرت العادة في اليونان على شراء التذاكر في اللحظة الأخيرة.. لكن ومع هذا فإن الارتباك أو "الارهاب" سيبقى سيد الموقف حتى لحظة الافتتاح ولو حاول المتفائلون إقناع أنفسهم بأنه لن يكون هناك ما يثير القلق وأن لا خوف على الدورة الأولمبية من الفشل..

ومن الملاحظ أنه من جملة التحضيرات الجارية لاستضافة الألعاب الأولمبية في أثينا، أن اليونان تشدد إجراءات الأمن حول الأولمبياد وكأنها تستعد لمواجهة عسكرية مع عدو مجهول الهوية وقد نشرت حول العاصمة أثينا عشرات من قواعد إطلاق الصواريخ المضادة للصواريخ كما نشرت صواريخ مضادة للطائرات في مواقع متعددة من البلاد بالاضافة إلى مئات كاميرات المراقبة المنتشرة في مختلف الأنحاء تحسباً لأي طارىء قد يعطل دورة الألعاب الرياضية. وقد أعلنت اليونان استعدادها لإسقاط أية طائرة قد تستخدم لتخريب دورة أثينا الأولمبية وأن ثلاث طائرات مروحية مجهزة ستحوم في أجواء الأولمبياد على مدار الساعة إذ يخشى من أن تجتذب الدورة الهجمات الارهابية على طريقة هجمات الحادي عشر من أيلول.. ويجري كل هذا على مرأى من اليونانيين والمتتبعين لأخبار الدورة الأولمبية الراغبين في الانتقال

إلى اليونان لحضور الدورة.. وهل يستغرب المنظمون للدورة بعد هذا لماذا الاحجام على شراء التذاكر مسبقاً ولو كانت أيام قليلة تفصل لافتتاح دورة الألعاب..؟؟

إن المبالغة في التحذيرات والترتيبات الأمنية التي درجت عليها الادارة الأميركية بعد الحادي عشر من أيلول، أصبحت تقليداً تعمل به سائر الدول الأخرى وخاصة دول الحلف الأطلسي التي تدعم السياسة الأميركية بغالبيتها وتتوقع الضربات الارهابية على غرار نيويورك ومدريد. (نذكر هنا أنه من ضمن التدابير الأمنية، تقرر استخدام طائرات أواكس للانذار المبكر في اليونان لحماية الألعاب الأولمبية من مخاطر الهجمات الارهابية ـ إذا وقعت ـ وإن هذه الطائرات تابعة لحلف شمال الأطلسي). ولا شك أن ترتيبات إحترازية من هذا النوع تتم بالتنسيق مع أجهزة تابعة للحلف أو للادارة الأميركية التي هي أكثر الشركاء خبرةً في "شؤون الارهاب"، ناهيك عن التكلفة الباهظة التي تترتب على الدولة من جرائها. وفي حالة اليونان، يقدر المراقبون أن تبلغ كلفة الاجراءات الأمنية هناك، لفترة الألعاب التي لا تتجاوز الأسبوعين، ما يزيد على المليار دولار..

فإذا ما نظرنا إلى حجم التحذيرات الأمنية التي تطلقها الولايات المتحدة بين الحين والآخر، وفي أعلى الدرجات خاصةً، وإلى حجم التدابير التي تتخذها لمواجهة احتمال وقوع هجمات إرهابية على مرافقها ومواطنيها، أو حتى إلى حروبها المرتجلة كالحرب على أفغانستان للقضاء على وكر الارهاب من دون أن تقبض على رأس الأفعى، أو حربها على العراق من دون أن تعثر على أسلحة الدمار الشامل، نفهم بوضوح لماذا بلغ العجز في ميزانيتها ما يقارب الخمسماية بليون دولار ونفهم بالتالي أسباب الخلل الحاصل في الميزان التجاري نتيجة للقلق والرعب اللذين باتا يهددان

المواطن الأميركي العادي في حياته اليومية. وهذا ما سيحصل في كل بلد يأخذ بالمنحى الأميركي حتى ولو كان اليونان، هذا البلد العريق باستضافة الألعاب الأولمبية والسواح من كل أقطار العالم.. فماذا لو أحجم عنه هؤلاء..؟؟

لا شك أن على الدولة، أية دولة، أن تتخذ الاجراءات الأمنية اللازمة لحماية ذاتها من أي عدوان ممكن أو متوقع، خاصة إذا كانت هذه الدولة اليونان التي تستضيف وفود المشتركين واللاعبين والمتفرجين من كل أنحاء العالم. ولا شك أن هناك ميزانية خاصة في كل دورة أولمبية تصرف على الترتيبات الأمنية لحماية الوفود وعدم تعكير أجواء الدورة. غير أنها المرة الأولى التي يعلن فيها (عن سابق تصور وتصميم) عن تحضيرات عسكرية ضخمة مرافقة لتهديدات المسؤولين باستخدام الصواريخ والطائرات وسائر أنواع الأسلحة المتوفرة وكأنها مرحلة ما بعد إعلان الحرب حيث يعتمد على التأثير النفسي، الفترة التي تسبق نقطة الصفر..

أو ليس من حق المواطن التريث في شراء التذاكر والحالة على أشدها من التحذير الرسمي والاستعداد العسكري لمواجهة "الارهاب"..؟؟
أو ليس من حق الضيوف أن يعيدوا النظر بشأن حضور الدورة قبل الانتقال إلى العاصمة اليونانية..؟؟ قد يكتفي كثيرون منهم بمتابعتها على شاشات التلفزيون.
ويبقى السؤال الأكبر.. حتى لو حضر الجميع وبيعت ملايين التذاكر، فهل سيكفي مردود المبيعات لتغطية نفقات التحضيرات الأمنية..؟؟

❖

ما لم تفهمَه المقاومة..

2004/8/25

تقترب ساعة الحسم لمعركة "النجف" مع كتابة هذه السطور، بعد أن أشبعت قوات الاحتلال الأميركية المدينة المقدسة ضرباً وقصفاً من الجو والبر حتى تقدمت إلى ضريح الإمام علي وسط نداءات من بلاد الجوار والمراجع الدينية لإنهاء الأزمة سلمياً منعاً لإراقة الدماء وإعطاء التبريرات لتدمير المقدسات الشيعية في العراق. وفي مهلة حددتها الحكومة العراقية، تنتهي اليوم، أنها أنذرت المسلحين الذين يتحصنون داخل ضريح الامام علي بالخروج والاستسلام وإلا اضطرت إلى استعمال القوة. وهذا يعني إخماد نار المقاومة في مهدها والقضاء على مقتدى الصدر قبل أن يفتح له التاريخ باباً إلى صفوف المقاومين المناضلين..

لم يكن رهان الصدر على عدد رجاله أو عتاده في مقاومته للقوات المسلحة الأميركية والعراقية. وليس هو بالغباء ليتصور أنه ببضعة آلاف من الأنصار سيتمكن من الانتصار وإرغام القوات الأميركية، التي تسيطر حالياً على كامل منطقة الخليج العربي، على الانسحاب من العراق..
أهو ضرب من جنون الكبرياء والعظمة ما يجعل الصدر يخجل من العودة عن قراره والاصرار على القتال حتى الرمق الأخير..؟
أم أنه رهان على جر إيران إلى أرض المعركة..؟

أياً كان نوع الرهان وخاصة جر الدول العربية والاسلامية (الشيعية خاصة)، وفي مقدمتها إيران، للتدخل إلى جانب قوات الصدر عسكرياً أو سياسياً أو بالوساطة لدى المحافل الدولية والاقليمية للسماح بإجراء مفاوضات مع الحكومة العراقية، فإنه رهان ساقط لأكثر من سبب:

أولاً: إنقسام الشيعة بين مؤيد للحكومة الانتقالية ومتحفظ للتعامل معها وقلة قليلة من مسلحي جيش المهدي.

ثانياً: رفض إيران الرسمي، المعلن سابقاً على لسان كبار المسؤولين، دعم حركة مقتدى الصدر أو حتى استقباله شخصياً في بلدهم لأن مثل هذا يعطي ذريعة للادارة الأميركية لاتهام إيران بالتدخل في شؤون العراق الداخلية.

ثالثاً: انكفاء الأنظمة العربية عن دعم المقاومة، أية مقاومة وطنية، لتكون بمنأى عن الأصابع الأميركية في اتهامها بدعم "الارهاب"..

رابعاً: رفض الحكومة العراقية المؤقتة، على لسان وزير الخارجية زيباري، أياً كان من التدخل لبحث أزمة "النجف" واعتبار المسألة داخلية تعالج في إطار فرض سيادة القانون وسلطة الدولة.

وهكذا تبدو الطرقات جميعها مقفلة بوجه انتفاضة مقتدى الصدر. وإن صعب على الحكومة العراقية حل المعضلة، فإن قوات الاحتلال لها بالمرصاد وأن مصداقية الادارة الأميركية في الميزان. فهي تريد أن تقنع العالم أن ما تقوم به الحكومة الانتقالية دليل قاطع على سيادة القانون وهيبة الدولة بعد "تحرير العراق". أضف إلى ذلك أن كل أشكال المقاومة الوطنية باتت بنظر الولايات المتحدة، أو تريد أن تظهرها كذلك، أعمال "إرهاب" تدخل في حسابات الحرب المفتوحة على الارهاب منذ الحادي عشر من أيلول..

ففي عصر "الحرب على الارهاب" اختلفت المعايير والمقاييس كما اختلفت التسميات والمسميات:
ففي عالمنا العربي الحرية باتت حرية المنافسة من أجل إرضاء أميركا وشريكتها إسرائيل اللتين تشكلان اليوم القوة العظمى في العالم..
والديمقراطية أمست الخضوع لمشيئة الغاصب والمحتل والقبول بالأمر الواقع.
أما المقاومة فقد فرغت من مضمونها ومن حصانة الأمم المتحدة ومن الشرعية الدولية التي تحميها بفضل الأيادي الخفية التي تعمل فيها لتظهرها بمظهر الارهاب.
حتى المطالبة بأبسط الحقوق الانسانية بالكتابة أو الرسم أو التظاهر، أصبحت في خانة "الارهاب"..
فعلى ماذا وعلى من يراهن مقتدى الصدر..؟
المقاومة الفلسطينية، بعد أن كانت محط إعجاب العالم في مواجهة أشرس احتلال عرفه التاريخ، تم استدراجها إلى طاولة المفاوضات من أجل السلام وراحت إسرائيل بغطاء أميركي، في الوقت ذاته، تمعن ضرباً وتدميراً في الضفة والقطاع حتى إذا ما تعالى صوت معترض ألحقوه بالارهاب..
المقاومة الوطنية اللبنانية، التي نذرت نفسها للدفاع عن لبنان وأرغمت العدو الاسرائيلي على الانسحاب من الجنوب، كانت مثالاً يقتدى تشير إليه دول العالم بالبنان. وشرعية هذه المقاومة مستمدة من حق الدفاع عن أرض الوطن وحق الشعوب في تقرير مصيرها. وإذا بهذه الحقوق تندثر في عصر "الحرب على الارهاب" ويصبح "حزب الله"، رمز المقاومة الوطنية، بنظر المحتلين "حزباً إرهابياً" تطالب أميركا بتعطيل دوره ووقف الدعم عنه. والمفارقة الطريفة في هذا المجال أن إسرائيل، المعنية

بمقاومة حزب الله، تنفذ معه صفقات تبادل للأسرى ومثل هذا التعاطي عادة يتم على مستوى حكومات أو دول.

هذا الأمر وكثير غيره يغيب عن بال المقاومين الأحرار اليوم. الحرية مصادرة والديمقراطية معطلة والحقوق ضائعة حتى إشعار آخر أو حتى نهاية "الحرب على الارهاب"..
وهذا ما لم نفهمه ولم "تفهمه المقاومة"..

كوفي أنان: أول العارفين وآخر المعترفين!

2004/9/24

يضطر من كان في موقع كوفي أنان أن يستخدم في كثير من الأحيان كلاماً منمقاً أو وصفاً دبلوماسياً (إذا صح التعبير) للدلالة على رأيه من غير أن يفيد المعنى المباشر، وهذا هو حال الغالبية من الدبلوماسيين لا بل أحد الشروط الهامة لتولي المنصب الدبلوماسي. غير أنه وإن لم يدلّ رأيه على المعنى المباشر فليست هناك صعوبة لفهم قصده وما يريد قوله. ويذهب البعض إلى تشبيه هذا النوع من الافصاح عن الرأي بالمواربة أو الهروب من الاجابة المباشرة.. وعلى غير عادته، فقد كانت إجابة الأمين العام لمنظمة الأمم المتحدة مباشرة هذه المرة، وربما قد اضطره إلى ذلك بول رينولدز، مراسل هيئة الاذاعة البريطانية، بمهارته المهنية حيث استدرجه للاعتراف، ولأول مرة منذ قيام الغزو الأميركي للعراق، بأن الحرب على العراق لم تكن شرعية وهي لا تتوافق مع ميثاق الأمم المتحدة.

وما أن إذيعت المقابلة حتى تناولتها الوسائل الاعلامية كافة بالشرح والتحليل والمقارنة باعتبار أنها المرة الأولى التي يعترف فيها كوفي أنان صراحة بعدم شرعية الحرب الأميركية على العراق وكأن في الأمر حدثاً صحفياً فريداً من نوعه. وأخذ المحللون يفترضون ويتساءلون ماذا وراء تصريح أنان.. والأكثر من هذا، الضجة الكبيرة التي أحدثتها ردات فعل الادارة الأميركية ودول قوات التحالف التي مشت إلى جانب القوات الأميركية في غزو العراق.

وإننا نتساءل بدورنا بكل بساطة وبراءة: هل أن الاعتراف بعدم شرعية الحرب هو أمر جديد أو سر جديد يوجب معه الدهشة والاستغراب؟ وهل هي حقاً المرة الأولى التي يفصح فيها كوفي أنان عن عدم شرعية حرب العراق أم أن استخدام كلمات جديدة هي التي أحدثت الجديد؟ وهل هي المرة الأولى التي تتهم فيها أميركا والقوات المتحالفة معها على أنها أدارت الظهر للأسرة الدولية التي ظلت، حتى اللحظة الأخيرة، رافضة لفكرة الحرب لعدم توافر المبررات القانونية لها؟

إذن ما الجديد حتى ينتفض العالم ويأخذ باجترار التساؤل حول ما قاله الأمين العام للأمم المتحدة؟.

ثم ما هو الدور الذي يستطيعه أنان، رغم الاعتراف، وهو الذي يمسك بزمام أكبر منظمة دولية في العالم؟ فهل "يكتشف البارود" بعدما تكشفت له أبعاد اللعبة..؟.

أشار أنان في الحوار معه إلى القرار رقم 1441 الذي صدر في 8 نوفمبر/تشرين الثاني 2002 عن مجلس الأمن محذراً العراق من عواقب وخيمة إذا لم يلتزم بمطالب الأمم المتحدة بشأن ما كان يشتبه في أنها برامج لأسلحة الدمار الشامل. وأضاف أنه كان يتعين على أميركا العودة إلى مجلس الأمن، إذا دعت الضرورة في عدم استجابة العراق للقرار الأول، لتحديد ماهية هذه العواقب بقرار ثانٍ يصدر عنه.

فمن أجل التحقق من عدم وجود أسلحة الدمار "المحظورة على العرب"، بحسب إفادات السلطات العراقية، أرسل المفتشون الدوليون إلى العراق أكثر من مرة إلا أنهم لم يجدوا ما كانت تدعيه أميركا وهذا ما أكده المفتشون ومجلس الأمن الدولي. إلا أن بوش وفريق العمل في البيت الأبيض، أصروا على فكرة حيازة

العراق للأسلحة وطلبوا من مجلس الأمن الرضوخ لمشيئتهم واستصدار قرار ثان يسمح بضرب العراق إلا أن طلبهم هذا جوبه بالرفض مع تحذير المجلس للادارة الأميركية من تجاوز الارادة الدولية. وكما يعلم الجميع، لم تتراجع الادارة الأميركية عن قرار الحرب وقول بوش لا يزال يرن في الآذان في آخر محاولة مع مجلس الأمن الدولي حيث قال: "سنضرب العراق بموافقة دولية أو بدونها.." وهكذا كان قرار الحرب على العراق قبل إيجاد المبررات لقيامها. فقد أسقطت حرب العراق ورقة التوت عن عورة المنظمة الدولية وكشفت عن هزالتها أمام القوة والتعنت الأميركيين. ونذكر هنا أن كوفي أنان كان قد طلب من المفتشين الدوليين الانسحاب من العراق، بطلب من الادارة الأميركية وبعد الاصرار الأميركي على ضرب العراق أياً كان شكل تقرير المفتشين.. فسواء تم ذلك بالتوافق أم بالرضوخ فمن الواضح جداً أن حرب العراق كانت بدون مسوغ شرعي وبمعرفة كوفي أنان الذي لا يستطيع مقاومة القرار الأميركي وهذا لا يختلف عليه إثنان.. إذن ما الجديد في تصريح أنان اليوم وماذا سيضيف هذا التصريح على الساحة السياسية الدولية غير التأكيد على النفاق والدجل السياسيين اللذين باتا من ركائز العمل السياسي الدولي في هذه المرحلة من التاريخ حيث يسمى الغزو الوحشي للشعوب الآمنة "تحريراً" وتعتبر مقاومة الغزاة "إرهاباً" والرضوخ لإرادة الغازي تعميماً للسلام و"الديمقراطية"..

يمكن القول والحديث عن المنظمة الدولية، أنها كانت حتى تاريخ غزو العراق، الرادع الذي ترتجيه الشعوب في تقرير مصيرها وفي استخدام حقوقها المشروعة بوجه المعتدين والمغتصبين، والواقي الضامن لحقوق الانسان من التبعية والظلم والحرمان.. أما اليوم وقد سقطت في مهب الريح الأميركية، فما عساه سيكون دورها في المرحلة الآتية..

لعل في تصريح أنان ما يشير إلى تبديل في المواقف الدولية أو تحريض على السياسة الأميركية التي بلغت ذروة من الاستخفاف بالأسرة الدولية. وإلا ما معنى أن يعترف بعدم شرعية الحرب على العراق، في هذا الوقت بالذات، بعد مرور سنة ونصف على بدء الحرب كمن "يفسر الماء بعد الجهد بالماء" أم أنه جاء ليتقمص دور الغبي الحاضر ـ الغائب في فصل من فصول الملهاة الأميركية وهو أول العارفين وآخر المعترفين..

"أبو عمار".. حكاية وطن جريح!

2004/11/12

مهما قيل في راحل الأمس "ياسر عرفات" الرئيس أو الثائر أو القائد، مصيباً كان في قراراته أم مخطئاً، سيبقى الرمز الذي سيحفظه التاريخ لأنه اقترن اسمه باسم الثورة التي أطلقها لتحرير الأرض المقدسة من براثن الغاصبين الحاقدين. وفي حياة "أبو عمار" القصيرة تختصر حكاية وطن ومعاناة شعب طويلة. حكاية وطن جريح دنست أرضه عام 1948 أقدام همجية غاصبة وراح شعبه في أقاصي الدنيا يفتش عن وطن ولا يزال.. يحمل في يد بندقية وفي اليد الأخرى غصن زيتون.. شعب عشق الحياة حتى ولو كان الموت طريقاً إليها. فإذا ما أنصف التاريخ في سجله يوماً، سيكتب عن ظاهرة نادرة في القرن العشرين ولدت من رحم النكبات إسمها: المقاومة الفلسطينية..

يرحل أبو عمار والعالم يسأل: ماذا بعد رحيل ياسر عرفات؟ وماذا سيحل بالمقاومة الفلسطينية وقد كان هو صمام الأمان الضامن لوحدتها والمتكلم باسمها في المحافل الاقليمية والدولية.. لقد كان رجل حرب ضاحك كما كان رجل سلام عابس.. يخشى السلام خشيته للحرب والمقاومة وكان يردد دائماً: إن السلام المجتزأ غير العادل يجر الويلات بما لا تستطيعه الحروب.. وعلى امتداد أربعين عاماً استطاع أن يكون على عرش السلطة الحاكمة كما كان على عرش السلطة الثائرة..

ماذا بعد ياسر عرفات؟

يذهب بعض المحللين أو المروجين الاعلاميين إلى الاعتبار أن بغياب عرفات، تبدو فرص السلام متاحة أكثر من ذي قبل وأن إسرائيل، التي فرضت عليه الاقامة الجبرية في مقره في رام الله ورفضت إعادة التفاوض معه بحجة أنه يشجع ويمول "الارهاب"، قد تبدي الآن استعداداً أكبر لاستئناف المفاوضات من أجل السلام مع رئيس جديد للسلطة وكأن "أبو عمار" كان حجر العثرة في طريق السلام.. أضف إلى ذلك تعليقات الرئيس بوش الذي أثنى على موقف شارون وانتقد ياسر عرفات وأكد مراراً أن السلام لن يجد طريقه إلى المنطقة وأن الدولة الفلسطينية لن تقوم على الأرض طالما أن شريك السلام غائب عن طاولة المفاوضات..

إذن ما يرمي إليه هؤلاء المروجون هو التأكيد على أن الفرصة الذهبية للسلام ستكون في المرحلة القادمة، أي مرحلة ما بعد أبو عمار، حيث ستحتل العملية السياسية واجهة الاهتمامات الدولية وصولاً إلى الحل "العادل" الذي يرضي الاسرائيلين والفلسطينيين على حد سواء. وفي مثل هذه الأجواء تنشط المناورات الأميركية والاسرائيلية للحد من عزائم المقاومين وكسب الوقت فيما يخدم الاحتلال وإجراءاته على الأرض. فيتظاهر شارون بالمرونة وتخفيف الشروط للتعامل مع الفلسطينيين مطالباً بوقف التحريض الاعلامي ضد إسرائيل من غير أن يلزم نفسه بالكف عن الاعتداءات المتكررة يومياً بحق الشعب الفلسطيني. وقد انتقده الاسرائيليون واعتبروا في موقفه الجديد تراجعاً عن الموقف القديم غير أن الواقع هو غير ذلك حيث لا يفسر كلامه تراجعاً وإنما محاولة مبطنة للتظاهر بمرونة مصطنعة. أما الرئيس بوش فيطلب من الفلسطينيين وقف "الأعمال الارهابية" ويجدد وعده بالمساعدة على إقامة الدولة المستقلة من غير أن يدخل في التفاصيل. وهذا يعني بالطبع اجتراراً للموقف السابق وعلى الثوابت ذاتها وأهمها رفض حق العودة وحذف "القدس" من ملف المفاوضات واعتماد

خريطة الطريق لاستئناف الحوار. (تتضمن خريطة الطريق في مرحلتها الأولى تجريد المنظمات المقاومة من سلاحها كشرط لبدء المفاوضات).

إن المعاناة التي سيعيشها الشعب الفلسطيني في مرحلة "ما بعد أبو عمار" لن تكون أفضل من سابقتها، فلم يعد الرهان مجدياً للدخول في تجارب جديدة. فمنذ العام 1948 والشعب الفلسطيني ينتظر الحلول والوعود ولم يبلغ أية منها لأن الوقائع أصبحت أكبر بكثير من المسميات: شارون يدعى "رجل السلام" في الوقت الذي يعمل في الضفة الغربية وأهلها قتلاً وتدميراً وتشريداً.. والحرب على العراق حيث راح ضحيتها ما يزيد على المئة ألف من القتلى ومئات الآلاف من الجرحى والمعاقين تسمى "الحرب من أجل العراق".. وفصائل المقاومة الوطنية التي تعترف بحق تقرير مصيرها الشرعة الدولية لحقوق الإنسان أمست، بقرارة الأمم المتحدة التي تحضن الشرعة هذه، "المنظمات الارهابية"..

يجب أن يكون واضحاً للشعب الفلسطيني كما لسائر شعوب المنطقة أننا نجتاز مرحلة صعبة من تاريخنا، بتأكيد لا يقبل الشك، حيث تتعرض المنطقة إلى هجمة شرسة ستنال من أرضنا ومواردنا وحقنا في تقرير مصيرنا.. أوليس في هذا ما يدعو للخوف؟ أما الرهان على تبدل في السياسة الأميركية بعد التجديد للرئيس بوش لولاية ثانية سيظهر الخطأ الكبير في قراءة الأحداث. ويقيننا أن الرئيس بوش سيعمل في الأربع سنوات القادمة على إنجاز ما لم ينجزه في ولايته الأولى. ومخطىء من يعتقد أن حرب بوش على أفغانستان والعراق كانت خطأ برأي الادارة الأميركية وسيعمل في ولايته الثانية على تصحيح الخطأ. إنها الخطة الأميركية عينها أكان بوش على سدة الرئاسة أم سواه، ديمقراطياً

كان الرئيس أم جمهورياً.. إنه الحلم الأميركي الآخذ بالتحول إلى حقيقة واقعة..

من هنا نخلص إلى القول أن السلام الذي قد تحمله الولاية الثانية للرئيس بوش إلى فلسطين لن يكون إلا سلاماً على غرار الديمقراطية التي حملتها إلى العراق ولايته الأولى.. لقد كتب لهذا الوطن الجريح أن ينزف على امتداد عقود من الزمن ولا يلوح في الأفق سوى خيار التماسك والوحدة للوقوف بوجه كل التحديات..

كوفي أنان في المطب الأميركي..

2004/12/8

ماذا تريد الادارة الأميركية من كوفي أنان..؟
بل ماذا تنتظر من دول العالم في مواصلة هجومها على المنظمة الدولية التي يمثلها أنان..؟ أهل كان على الأمين العام للأمم المتحدة أن يعمل بما يرضي الأميركيين ويخيب ظن العالم..؟

إن المشكلة الكبرى التي تعترض المتعاملين مع الادارة الأميركية، هي في الفوقية التي تتعامل بها أميركا مع سائر دول العالم والمنظمات الدولية، اليوم أكثر من أمس، أي في مطلع الولاية الثانية للرئيس بوش الذي تمرس في فن "السياسة الفوقية" عملاً بمنطوق المبدأ الذي أطلقه خلال ولايته الأولى حين قال: "من ليس معنا فهو مع الارهاب". والتعرض لكوفي أنان اليوم ودعوته للاستقالة من منصبه يأتيان في برنامج بوش الرامي إلى التحريض على المنظمة الدولية وشل حركتها التي قد تعرقل، بشكل أو بآخر، سير الادارة الأميركية على طريق تحقيقها للحلم الأميركي في السيطرة على المرافق الدولية إنطلاقاً من السيطرة على منطقة الشرق الأوسط سواءً كان كوفي أنان على رأس المنظمة أم سواه.. ويبدو الأمر واضحاً من الحملة الأميركية الحادة التي استهدفت الأمين العام للأمم المتحدة الأسبوع الماضي وطالبته بالاستقالة على لسان السيناتور الجمهوري المتشدد نورم كولمان على خلفية تداعيات فضيحة برنامج "النفط مقابل الغذاء" الذي فرضته

المنظمة الدولية على العراق وقيل أن ابنه "كوجو أنان" متورط فيها. ومن بديهيات القول ألا يتحمل كوفي أنان مسؤولية عمل قام به أنان الابن، وهو الراشد والمستقل عن أبيه، حتى ولو ثبت الاتهام.. مع العلم أن غالبية دول العالم تصدت للحملة الأميركية واعربت عن دعمها التام لأنان كما اعتبر نائب وزير الخارجية الروسي أن "الانتقادات" التي تروج لها الادارة الأميركية وتنال من الأمين العام لا أساس لها من الصحة. كذلك قال وزير الخارجية البريطاني جاك سترو (رغم التحالف الأميركي البريطاني): "يقوم أنان بعمل ممتاز كأمين عام للمنظمة الدولية"..
وما يتعرض له كوفي أنان اليوم من مضايقات أميركية ليس بالجديد. فقد أدرج اسمه على لائحة "المخالفين" (للارادة الأميركية طبعاً) منذ أن اعترض على غزو العراق في مجلس الأمن وأرغم على سحب المفتشين الدوليين من العراق قبل إتمام مهمتهم. ومنذ ذلك التاريخ وأنان تحت المجهر الأميركي بانتظار أن يقع في المطبات الكثيرة التي وضعت في طريقه وكان آخرها المقابلة التي أجرتها معه محطة البي بي سي حين كشف بما لا يقبل الشك، وللمرة الأولى، عن عدم شرعية الحرب على العراق. وما كان لهذا التصريح أن يمر بدون عقاب فازدادت حدة الحملة الأميركية عليه حتى أوقعته مؤخراً بفضيحة "النفط مقابل الغذاء"..

أما اليوم وقد فشلت المنظمة في استعادة مناعتها الدولية، فما عساه يكون دورها في المرحلة الآتية.. هل ستجرها الولايات المتحدة لتكون شاهد زور على "تحرير الشعوب ونشر الديمقراطية" في دول العالم الثالث.. أم أنها ستعمل على إلغاء دورها في فصل الاعلان عن "أحادية القرار في العالم"..

"عام 2005"..
لإحلال "السلام" أم لاستمرار "الآلام"؟!

2004/12/22

كثر الكلام في الآونة الأخيرة، من مصادر غربية وعربية مختلفة، حول إمكانية إقامة السلام في منطقة الشرق الأوسط مع حلول العام الجديد مما حدا برئيس الوزراء الاسرائيلي أرييل شارون "رجل السلام" (بحسب تصنيف الرئيس بوش له) لأن يدعو في مؤتمر "هرتسليا" الأسبوع الماضي لجعل عام 2005 "عام السلام" مبرراً ذلك بالفرص المتاحة الآن بعد رحيل أبو عمار واستعداد السلطة الفلسطينية العتيدة "للتسويات".. وكالعادة أخذ شعبنا الذي لا يقرأ في الخطاب السياسي سوى عنوانه، بالتهليل والتفاؤل لتصريح شارون معتبراً أنه يصلح لأن يكون أساساً لاستئناف المفاوضات وخطوة إيجابية على طريق السلام.

ولفهم ما يدور ويدبر في الكواليس الاسرائيلية إزاء الشعب الفلسطيني والمنطقة العربية المشرقية بما فيها العراق وسوريا ولبنان، يجب النظر ليس إلى ما يصرح به شارون في كل مناسبة بل إلى الصورة الكبيرة والخريطة الجديدة التي ترسم بما يتلاءم والخطة الأميركية الرامية إلى السيطرة على المنطقة. ذلك أن الشريكين الأميركي والاسرائيلي يعملان باتجاه واحد وبهدف واحد وإنهما مكملان الواحد للآخر. من هنا يطرح السؤال التالي: كيف يمكن التصديق بأن إسرائيل ترغب في السلام.. وأي سلام؟

والواضح من تصريحات شارون أنه يطالب بالمشروع الذي عرضه سابقاً، بغطاء ودعم أميركيين، ذلك أن خطة الفصل التي

كانت أحادية الجانب بالنسبة له، أصبحت مشروعاً قابلاً للتفاوض فيه مع القيادة الفلسطينية الجديدة. أما بالنسبة للجانب الفلسطيني والعربي فهو مشروع استسلام لا سلام إذ يقوم على إلغاء حق العودة وضم المستوطنات وإخراج القدس من ملف المفاوضات. وقد شجع الجانب الاسرائيلي على طرح هذا المشروع اعتقاداً منه بأن الظروف الدولية تسير في مصلحة إسرائيل والفرصة مؤاتية لاملاء الشروط على الجانب الفلسطيني "الضعيف" نسبياً بعد وفاة ياسر عرفات وعودة الرئيس بوش، الذي يدعم الموقف الاسرائيلي دون قيد أو شرط، إلى سدة الرئاسة الأميركية. ويؤكد "مؤتمر هرتسليا" أن الفلسطينيين معزولون حالياً عن دول الجوار وفي طليعتهم سوريا التي تتعرض للضغوطات الأميركية بسبب تشجيعها "الارهاب"، ما يسهل عملية السلام دون أن تضطر إسرائيل إلى تقديم التنازلات.. و"المفارقة الطريفة" أنه في الوقت الذي كان ينظر الساسة الاسرائيليون في المؤتمر حول مشروع السلام كانت قوات الاحتلال الاسرائيلية تعبث بـ "خان يونس" قتلاً وتدميراً بواسطة الآليات والطوافات العسكرية بينما عملت الجرافات (الأميركية الصنع) في هدم المنازل والتنكيل بالأهالي لإرغامهم على النزوح. وكان بنتيجة هذا الهجوم المفاجىء سقوط مئات القتلى والجرحى من المواطنين المدنيين وغالبيتهم من الأطفال..

أما على الجبهة العراقية حيث تعمل الادارة الأميركية على "إشاعة الحريات وتعميم الديمقراطية"، يلاحظ أنه كلما اقترب الموعد المقرر للانتخابات كلما ازداد حجم التفجيرات الأمنية.. في بغداد والنجف والفلوجة وكربلاء وغيرها من المدن، واشتد التضييق بالتالي على المواطنين العراقيين لارغامهم على القبول بالاحتلال الأميركي وتدابيره الأمنية التي تنال من حرية التعبير والتنقل والتظاهر وغيرها من الحريات العامة. ونسأل بعد كل هذا كيف

ستكون الانتخابات (المقررة في الشهر الأول من العام الجديد) ديمقراطية والحريات العامة مصادرة.. والسؤال الثاني: هل سجّل التاريخ مرةً، في أي بلد في العالم على مر الأزمان، انتخاباتٍ ديمقراطية في ظل احتلال عسكري أجنبي..؟

وهناك أيضاً خطة أميركية ـ إسرائيلية لتحجيم الدور الايراني في خريطة "الشرق الأوسط الكبير" لأن إيران تعتبر لاعباً أساسياً معيقاً للخطة الأميركية من خلال تطوير برنامجها النووي من جهة ولأنها تساند الموقف السوري الداعم للمقاومة الوطنية في الجنوب اللبناني من جهة أخرى. ويكثر الكلام عن إمكانية حدوث عمل عسكري أميركي ضد أيران بعد استتباب الأمن في العراق مع أن وزير الخارجية الأميركي كولن باول، في تأكيد لوكالة "أسوشيتدبرس" نفى أن يكون هناك إعداد لمثل هذا المخطط. غير أنه يمكن التأكيد هنا، رغم تطمينات باول الذي سيغادر منصبه بعد أيام قليلة، أن الولايات المتحدة لن تغض الطرف عن إيران إلا إذا تخلت عن حلمها في السيطرة على النفط العربي والاسلامي..

وفي الوقت الذي تعمل فيه الولايات المتحدة على ترسيخ وجودها في منطقة الشرق الأوسط، بالحرب والاحتلال تارةً و"بالتفهم والتفاهم" أحياناً (أي بالخضوع والتسليم)، نرى الدول الكبيرة الأخرى قد بدأت بإعداد العدة للوقوف بوجه القوة الجبارة التي فاجأت العالم حين أعلنت الحرب على العراق بدون مسوغ شرعي مستغلة عدم جهوزية الدول الأخرى للمواجهة أو حتى الاعتراض. وقد يحدث مع حلول العام الجديد، ما ليس بالحسابات الأميركية، كعودة الحرب الباردة مع روسيا الاتحادية وقد انطلقت شرارتها الأولى في الانتخابات المزيفة التي جرت في أوكرانيا ويقيننا أن روسيا لن تكون وحدها في الحرب الباردة المقبلة لأن السياسة الأميركية في العراق والشرق الأوسط ساعدت على قيام المواقف

السلبية تجاه الولايات المتحدة داخل أوروبا والعالمين العربي والاسلامي.

الأهم من كل هذا أن نفهم، ليس الحدث بحد ذاته بل ما يكمن وراء الحدث.. لقد اتفق العالم من أقصاه إلى أقصاه على أن احتلال الأميركيين للعراق لم يكن إلا بقصد الاستيلاء على النفط وبالتالي السيطرة من خلاله على السوق العالمي. فهل من المعقول أن يقف العالم في المراحل القادمة موقف المتفرج أو مكتوف الأيدي؟ إن تجاهل الادارة الأميركية للارادة الدولية لن يجني سوى الغضب وتحين الفرص للمواجهة. وإن كنا نرى بين الحين والآخر مرونة أو ليونة في مواقف بعض الدول إزاء السياسة الأميركية أو الاسرائيلية فلأن مصالح هذه الدول تقتضي الموقف السياسي المناسب في الوقت المناسب وفي المدى المنظور. أما على المدى الطويل، فيبقى الإعداد للموقف الحازم قائماً إلى حين الاستحقاق متى اكتملت الظروف المناسبة له.

وإذ يحمل لنا العام الجديد استحقاقات كبيرة، انتخابات عامة في كل من لبنان وفلسطين والعراق وإعادة للانتخابات الرئاسية في أوكرانيا.. وبحيث أن اليد الأميركية والاسرائيلية ممدودة في كل مكان لتأمين "حرية الاختيار" و"ديمقراطية الانتخابات"، فهل يسلم العام الجديد من الحروب والفتن وتصح نبوءات الاسرائيليين باعتباره "عام السلام"..؟

من حقنا أن نسأل والحالة في العالم على ما وصفنا، من دون أن ننظر بعين متشائمة بل بمنظار واقعي جليّ: أيكون عام 2005.. "لإحلال السلام" أم "لاستمرار الآلام"..؟

❖

الإرهاب.. الحاضر الغائب على لسان الرئيس!

2005/10/2

في خطاب حول مكافحة "الارهاب"، ألقى الرئيس الأميركي بوش يوم الخميس الماضي كلمةً أمام "الجمعية القومية لتعزيز الديمقراطية" في واشنطن، أبرز ما جاء فيها تشبيهه لإيديولوجية التطرف الاسلامي بالايديولوجية الشيوعية إذ قال: "إن مكافحة التطرف الاسلامي في القرن الواحد والعشرين تشبه من زوايا كثيرة مكافحة الايديولوجية الشيوعية في القرن الماضي"، مبرراً قوله بأن حركة المتطرفين الاسلاميين "تديرها نخبة نصبت نفسها على رأس الحركة وتدّعي التكلم باسم جميع المسلمين".

وأضاف بوش في مكان آخر من خطابه أن الارهابيين يتلقون الدعم المعنوي من وسائل الاعلام العربية التي "تحرض على الكراهية ومعاداة السامية وتتحدث عن الحرب الأميركية على الاسلام" مما يزيد في الأعمال الارهابية ويجعل العالم أقل أماناً، وتابع قائلاً: "في مواجهة عدو مماثل: لن نتراجع مطلقاً ولن نقبل مطلقاً أي شيء أقل من الانتصار الكامل". واذ اعتبر بوش أن القادة المسلمين يشجبون الارهاب أردف قائلاً: "لقد حان الوقت لكي يقوم جميع القادة المسلمين بشجب إيديولوجية تستغل الاسلام لغايات سياسية وتدنس إيماناً نبيلاً".

ويأتي خطاب بوش هذا، بما يتضمن من تهديد وتحريض على الارهاب، متزامناً مع التدابير الأمنية المشددة التي اتخذت في مدينة نيويورك لمواجهة هجوم إرهابي محتمل على مترو المدينة (على حد بلاغ مكتب التحقيقات الاتحادي). وقد أشاع البلاغ هذا حالة من الخوف والذعر في صفوف المواطنين وبدت حركة

المدينة شبه مشلولة.. وإن كانت لهذه التدابير الأمنية أن تخيف أهل نيويورك، وهذا أضعف الايمان، إلا أن الادارة الأميركية قد دأبت على مثل هذه الاجراءات عند كل خطاب للرئيس أو موقف متشدد يتعدى الحدود الأميركية. وكأنها بمثل هذا التدبير تذكّر الأميركيين بحنكة رئيسهم وصلابة تصميمه على حمايتهم. وهكذا، عن طريق دب الذعر في نفوس المواطنين وشل الحركة الاقتصادية في البلاد، تؤمن الادارة الأميركية الدعم الداخلي لموقف الرئيس قبل أن تنظر إلى ردات الفعل في الخارج.

وفي عودة إلى ما ورد في كلمة بوش، فما هو الجديد فيها.. هل هو تشبيه التطرف الاسلامي بالشيوعية أم دعوة الدول الاسلامية للوقوف بوجه المتطرفين الاسلاميين.. أم الاثنان معاً؟.

يعيدنا هذا التساؤل إلى مرحلة الحرب الباردة التي كانت قائمة في القرن العشرين فيما بين الولايات المتحدة الأميركية والاتحاد السوفياتي الذي كانت تحكمه الايديولوجية الشيوعية، حيث كان التسلح على أشده في معسكرين يتسابقان على النفوذ في العالم. وقد حاول الأميركيون، وعلى امتداد سنوات طويلة، التخلص من المنافس الأكبر بأساليب مختلفة أهمها توجيه الرأي العام الدولي ضد الشيوعية والنظام الملحد الحاكم ظناً بأنهم يكسبون عطف كل الأديان السماوية ويسهل عليهم التخلص منه. وما كان للولايات المتحدة أن تنتصر في هذه الحرب، بالرغم من تجنيد المتطرفين من كل الأديان للوقوف إلى جانبها، لولا استخدام من يخرق الاتحاد السوفياتي من الداخل. وقد تطوع آنذاك نيكولاي غورباتشوف لهذه المهمة الصعبة!.

إن ما يدعو إليه بوش اليوم هو مواجهة المتطرفين المسلمين حاملي إيديولوجية الارهاب، من قبل القادة المسلمين في العالم الذين يشجبون الأعمال الارهابية. وكأنه يرمي إلى اختصار الحرب الباردة (إذا صح التعبير) القائمة اليوم مع "الارهاب" تماماً

كما فعلت الولايات المتحدة في استخدامها لغورباتشوف في القضاء على الاتحاد السوفياتي، مع الفارق أن عدو "القرن العشرين" كان من الملحدين أما عدو "القرن الواحد والعشرين" هو من المتدينين المتطرفين..

الواضح من خطة بوش الجديدة، أنها قد تثير البلبلة والفتنة في البلاد العربية والاسلامية والايقاع بين شعوبها وأطيافها ومذاهبها بصرف النظر عن الارهاب وتداعياته. وفي هذا الطرح رهان على بعض القادة العرب والمسلمين، من ملوك وأمراء ورؤساء، الذين بلغ ارتهانهم المراتب العليا وقد أصبحوا الأداة الطيعة القادرة على "إرساء الديمقراطية المصفحة". وبالطبع لن يتدخل "المسامح الأميركي" لصالح طرف ضد الآخر، وهو الذي نذر نفسه "للاصلاح ونشر العدالة في العالم"، بل أنه سيوزع على الأطراف كافة وبالتساوي ربما، "أحدث ما في مخازنه من أنواع الحريات والديمقراطية".

هذا ما نقرأه في سطور الخطاب. أما إذا أمعنا فيما بين السطور، فإننا نرى اهتزازاً في عرش الامبراطورية الأميركية، ذلك أن تداعيات حرب العراق وكلفتها الباهظة مضافة إلى كلفة الطوافانات والكوارث الطبيعية التي لحقت بالولايات المتحدة مؤخراً شكلت للادارة إحراجاً كبيراً ما كان ليخرج منه بوش إلا بخطة جديدة لكم الأفواه والمزيد من التخويف والتهديد والوعيد بوجه الحاضر الغائب أبداً في الميدان: الارهاب..

فضيحة "ليبي" تهدد البيت الأبيض..

2005/11/7

أجرت مؤخراً شبكة التلفزة الأميركية أي بي سي وصحيفة واشنطن بوست في 28 و29 من شهر تشرين الأول المنصرم، استطلاعاً للرأي العام الأميركي حول نسبة الأخلاقية في إدارة الرئيس بوش اعتبر 64% ممن أجري الاستطلاع معهم أنها نسبة متوسطة أو متدنية مقابل 34% اعتبروها جيدة. ويأتي هذا الاستطلاع في أجواء الحملة على البيت الأبيض بسبب فضيحة لويس ليبي المتهم بعرقلة التحقيق حول تسريب في البيت الأبيض لاسم عميلة سرية في وكالة الاستخبارات المركزية تدعى فاليري بليم ويلسون.

إن تسريب إسم العميلة ما كان ليتسم بهذه الأهمية لو لم تكن فاليري ويلسون زوجة جوزيف ويلسون، وهو سفير سابق للولايات المتحدة، الذي انتقد مراراً الادارة الأميركية في الحرب على العراق.. وهنا يعتقد المحللون أن تسريب إسم ويلسون لم يكن بقرار المستشار "ليبي" وحسب، وإنما تم بموافقة رموز عالية المنصب في البيت الأبيض والهدف منه إسكات زوجها الذي ما انفك يعترض وينتقد القرار الأميركي بالحرب غير المبررة. يضاف هذا الأمر إلى الضغوط الشعبية التي تزداد يوماً بعد يوم لسحب القوات الأميركية من العراق ما جعل الرئيس بوش يسجل أدنى مستويات شعبيته في استطلاع الرأي. وإلى جانب هذه الأسباب هناك عوامل ثلاثة أخرى أسهمت في تدني النسبة هي سوء تعامل الادارة الحالية مع الاعصار كاترينا وأسعار النفط

المرتفعة وانسحاب مرشحته لعضوية المحكمة العليا هارييت مايرز التي رفض القبول بها أقرب المقربين الجمهوريين للرئيس بوش.

واللافت في فضيحة البيت الأبيض الجديدة أنها جاءت في الفترة الرئاسية الثانية لجورج بوش الذي سيتلقى اللعنة التي تحملها في طياتها على غير ما يشتهي أو يعلم الرئيس وهو الذي صرح على الأثر أنه، رغم إدانة المستشار في البيت الأبيض بشهادة الزور وإعاقة مجرى العدالة، "سيظل منصباً على إدارة شؤون البلاد والعمل من أجل خدمة الشعب الأميركي"..

ولعنة الفترة الرئاسية الثانية لم تبدأ مع جورج بوش وإن كانت هذه حلقة في مسلسل تاريخ الرئاسة الأميركية على امتداد سنوات طويلة..

ففي العهد السابق، تفجرت فضيحة علاقة مونيكا لونسكي، المتدربة في البيت الأبيض، بالرئيس بيل كلينتون خلال فترة رئاسته الثانية.. كذلك حل بالرئيس ريتشارد نيكسون في فترة رئاسته الثانية حيث واجه فضيحة "ووتر غيت" الشهيرة مما اضطره إلى الخروج من البيت الأبيض بعد عام ونصف من بدء الولاية الثانية. والرئيس رونالد ريغان، الذي أرهق الاتحاد السوفياتي من خلال حرب النجوم وانتهى الأمر بانهيار الكتلة الشيوعية، عانى في فترة رئاسته الثانية وخرج موصوماً بفضيحة إيران كونترا.. وفي الخمسينيات أصيب الرئيس دوايت إيزنهاور بالاحراج في الفترة الثانية لرئاسته عندما استقال رئيس طاقم العاملين في البيت الأبيض بعد اعترافه بتلقي الهدايا. ومن قبله فرانكلين روزفلت في الثلاثينيات عندما هزمه مجلس الشيوخ خلال فترة رئاسته الثانية، لمحاولته زيادة عدد أعضاء المحكمة العليا إذ اعتبر بأن روزفلت في محاولته هذه، إنما يعاقب المحكمة لاعتراضها على بعض سياساته.

مهما حاولنا المقارنة والتحليل والاستنتاج في موضوع الرئاسة الأميركية، ومهما تشابهت الأساليب المستخدمة للايقاع بشخص الرئيس، في فترة رئاسته الأولى أو الثانية، لا يمكن النظر إلى الأمر إلا بتجرد وموضوعية والتحليل إنطلاقاً من معطيات واقعية وقرائن عملية لا تحتمل الافتراض أو الاستنساب أو الشك. فالأسباب التي ذكرناها آنفاً هي أكثر من كافية لوضع الرئيس ونائب الرئيس في دائرة الضوء وإجراء التحقيق معهما لمعرفة من يقف وراء عملية التسريب هذه. وليس ما ذكرنا من لعنات الفترة الرئاسية الثانية وتبعاتها على الرؤساء سوى تذكير بما قد يحصل في الأيام القليلة المقبلة مع الرئيس بوش. ومن المرجح أن موضوع التسريب هذا سيكون له تداعيات كبيرة..

فهل لدى الرئيس ما يضيفه إلى قراراته السابقة لتبرير حرب العراق وخسارة الآلاف من الجنود الأميركيين..؟

هل لدى الرئيس ما يبرر تجاوزاته المتلاحقة لقرارات مجلس الأمن الدولي..؟

هل لدى الرئيس ما يبرر الاهمال وسوء الادارة في التعامل مع إعصار كاترينا..؟

وهل لديه ما يبرر تعيين هارييت مايرز عضواً في المحكمة العليا..؟

ليست هذه هي الملفات التي سيطالب بها الرئيس. بل ملف لويس ليبي الذي أعاق التحقيق في قضية تسريب اسم العميلة السرية فاليري ويلسون. ولكن عندما يأخذ التحقيق مجراه فهل يتوقف عند "ليبي"..؟ وفي أمور غامضة كهذه، تتوسع عادة دائرة التحقيق لتشمل "ما" و "من" ليس في الحسبان.. فهل يستعد الرئيس..؟

❖

الشرق الأوسط الكبير وإطلالة العام الجديد..

2006/1/2

مع إطلالة العام الجديد تبدو صورة العالم العربي قاتمة بعض الشيء نظراً للمستجدات غير المتوقعة التي جرت وتجري على الساحة العربية، ما يحجب معها الرؤية لما سيحل خلال العام 2006 بمشروع الشرق الأوسط الكبير الذي طالما شغل بال الرئيس بوش وكان هاجسه الأكبر توزيع "الفائض الأميركي من الديمقراطية" على هذا الجزء من العالم..

ففي العراق، وبينما تقترب جميع الفئات والأطياف الممثلة للشعب من توقيع اتفاق لتشكيل حكومة اتحاد وطني، تشهد البلاد أعمال عنف كبيرة حصدت العديد من القتلى والجرحى من العراقيين والأميركيين على حد سواء. ولم يمنع هذا الانفجار الأمني الرئيس "المتفائل" جورج بوش، وبذات اليوم، من أن يتابع تضليل الرأي العام بتصريحاته خلال اجتماع في البانتاغون، حيث شدد على الفاعلية المتزايدة للجيش العراقي التي ستتيح له التفكير في إجراء خفض لعدد القوات الأميركية في العراق هذا العام إذا استمر العراقيون بالتقدم في مجال الأمن و"السياسة التي ينتظرها".

لا شك أن هناك خطاباً جديداً للأنظمة السائدة في بلاد الشرق الأوسط بدأ مع العام المنصرم ويستمر خلال العام 2006. وقد يبدو للبعض وكأنه علامة تغيير بسبب يرتبط بالغزو الأميركي للعراق وسيؤدي في النهاية إلى الحرية والديمقراطية. غير أننا نخالف هؤلاء لنقول، وإن كان التغيير الحاصل يرتبط بالغزو الأميركي، غير أنه شكل من أشكال ذر الرماد في العيون ومحاولة لتركيد الشعوب المتطلعة إلى غد أفضل، هذه الشعوب التي ضاقت

ذرعاً بالقمع والترهيب والاستبداد المنظم على أيدي الأنظمة القائمة. وهنا نسأل: هل هناك بديل أفضل من هذه الأنظمة لخدمة الغازي المحتل؟ والجواب بكل بساطة ـ لا ـ إذن لا خوف على الأنظمة من "الديمقراطية الزاحفة" بل الخوف وكل الخوف علينا نحن من يناهضها ويغمض جفناً عن حقدها ومآربها..

في العام 1916 أثناء الحرب العالمية الثانية عملت إتفاقية سايكس ـ بيكو على تقسيم بلاد الهلال الخصيب إلى كيانات صغيرة بهدف الانقضاض على مواردها الطبيعية كما عمل وعد بلفور على اغتصاب الأرض الفلسطينية لتقوم عليها الدولة العبرية العنصرية وعلى تشجيع الطوائف على أن تحذو حذوها في إقامة الكانتونات الطائفية تمهيداً لتقسيم جديد يمعن في الوطن تفتيتاً وشرذمةً. غير أن المحاولات باءت بالفشل بفضل المقاومة الوطنية التي قامت في كل من لبنان وفلسطين والعراق وأعاقت تنفيذ المؤامرة. وها هي اليوم تعود فكرة السيطرة على الشرق الأوسط من خلال نشر "الديمقراطية الأميركية" وتبرر إدارة بوش التكاليف البشرية والمالية والدبلوماسية الباهظة لحرب العراق والمنطقة المحيطة به، على أنها تنشر الحرية والديمقراطية بين شعوب المنطقة وهي تستحق الديمقراطية، لكنها حرمت منها.

لكن المفارقة الساخرة هي أن التدخل الأميركي ودفعه الحثيث من أجل الديمقراطية، خلقا مناخاً سياسياً متزعزعاً استثمره المنشقون ومعارضو الأنظمة، الأمر الذي قد لا يخدم السياسة الأميركية ولا يؤدي بالتالي إلى تحقيق الحلم الأميركي.

ففي مصر، على غرار ما حصل في العراق، أعلن الحزب الحاكم عن إجراء انتخابات ديمقراطية وأوعز للأجهزة التابعة له بمنع أنصار المعارضة من التصويت. وكانت النتيجة، بالرغم من التضييق على المواطنين، بأن حقق "الأخوان المسلمون" نجاحات

هامة. وإذا كان لمصر مستقبل ديمقراطي سيكون ذا طابع إسلامي بالطبع. فهل هذا ما كان يرمي إليه الأميركيون..؟؟
وفي فلسطين، من المنتظر أن تكشف الانتخابات القادمة، إذا جرت، أن جيلاً جديداً من الفلسطينيين سيقترب من سدة السلطة بما في ذلك أعضاء من حماس والجماعة الاسلامية لما لهؤلاء من تضحيات في حركة المقاومة الفلسطينية، حتى ولو أنه لن يتم الاعتراف بهم من قبل الإدارة الأميركية..
وفي العراق سيصل إلى سدة السلطة بعض حلفاء إيران من الحركة السياسية الشيعية بفضل الانتخابات الديمقراطية التي وضعت قواعدها الادارة الأميركية.

تستفيق أميركا على أنها تغرق في أوحال ستكلفها الكثير للخروج منها. وكل ما يحدث على الأرض يظهر بوضوح بأن شعوب الشرق الأوسط الكبير لا تهاب الديمقراطية الأميركية بل تهاب الأنظمة المقنعة المتعاملة معها، أضف إليها الدولة الغازية التي تتخبط بأوهام السيطرة ومرارة الخيبة. وخوف هذه الشعوب ليس من عقاب يأتيها من الخارج وإنما من غضب يتمخض في الداخل.
وفي استشراف لما سيكون عليه العام الجديد فليس ما يدعو إلى الاطمئنان بأنه سيكون على خلاف العام الذي سبقه بل ستستمر أعمال العنف في العراق وفي مصر ولبنان وفلسطين، وفي سوريا ربما، كما سيستمر قلق الحكومات والأنظمة على عروشها مما سيدخل المنطقة بكاملها بإرباك غير مضمون النتائج. علنا فيما نعرض مخطئون ويأتينا عام 2006 مليئاً بالمفاجآت السارة ويعم السلام العالم أجمع.. وكل عام وأنتم بخير...!!

الفهرس

الإهداء	7
تقديم د. كلوفيس مقصود	9
المقدمة	15
قيامة الـ 2000	27
حصار العراق وإبادة العرب	31
هل يتنبه العرّاب	33
أجراس بيت لحم	35
المزايدة الأميركية	37
الضمير الأميركي	39
السلوكية الأميركية	41
مكسر عصا الأميركان	43
من لورنس العرب إلى بوش العرب	45
حج مبرور وسعي مشكور	49
خطة العرّاب ومبادرة الوصي	53
من الأقصى إلى دوربان	57
المواجهة الحضارية	61
هل نرتقي الخطوة؟	63
هل ينتظرنا التاريخ؟	69
نهاية الحصار أم بداية حصار جديد؟	73
الارتباك الذي يسبق العاصفة	79

الفهرس (تابع)

كان الله بعون الصابرين.	83
آفاق الهجمة على العراق	87
الطريق المسدود والانفجار الأعمى	91
الخيار العربي بعد خراب البصرة الثاني	95
الخطى إلى الوراء	99
خارطة السلام والطريق الطويل	103
الدول القاصرة وقبضة القوي	107
خدمة للعرب أم لأعداء العرب؟	111
من قصور الأحلام إلى حفرة الإستسلام	117
العراق حرية مؤجلة..	121
إسبانيا أول المنتفضين	125
الملاحقات ضد الإرهاب	131
"الزير في البير" حتى إشعار آخر	135
المستقبل العربي في قبضة الجلاد	139
الديمقراطية لا تليق بغير الأميركيين	143
من دير ياسين إلى الفالوجة	147
الأسلوب المبتكر في الإرهاب الجديد	151
لعبة الكبار يدفع ثمنها الصغار	155
خيارات الديمقراطية الجديدة	159

الفهرس (تابع)

الدمى المتحركة على المسرح التونسي 163
الشراكة الصناعية والشكل الآخر للاستعمار 167
الشرق الأوسط الكبير والسلام المحال 171
العراق الجديد.. السيادة المحاصرة 175
خيمة الاحتجاج على جدار العنصرية 179
الإرهاب سيد الألعاب الأولمبية 183
ما لم تفهمه المقاومة !؟ 187
كوفي أنان أول العارفين وآخر المعترفين 191
أبو عمّار حكاية وطن جريح 195
كوفي أنان في المطب الأميركي 199
عام 2005 لإحلال السلام أم لاستمرار الآلام 201
الإرهاب الحاضر الغائب على لسان الرئيس 205
فضيحة ليبي تهدد البيت الأبيض 209
الشرق الأوسط الكبير وإطلالة العام الجديد 213

المؤلف: محطات إعلامية واجتماعية

النشاطات الإعلامية:

- مؤسس ورئيس المركز الاستشاري للإعلام
- ناشر ورئيس تحرير مجلة "أضواء"
- ناشر ورئيس تحرير جريدة "الجالية" (2005 – 2015)

النشاطات الاجتماعية:

- عضو مركز الجالية العربية الكندية في تورنتو
- عضو مؤسس لجامعة اللبنانيين الكنديين
- عضو الاتحاد العالمي للمؤلفين باللغة العربية
- رئيس سابق لمجلس الصحافة الاثنية في كندا
- رئيس سابق لرابطة الإعلاميين العرب في كندا
- مؤسس ورئيس مركز التراث العربي في كندا
- مؤسس ورئيس المهرجان الكندي المتعدد الثقافات
- مؤسس ورئيس رابطة المؤلفين العرب في كندا

الجوائز التقديرية:

- رئاسة الحكومة الكندية الفدرالية
- رئاسة حكومة أونتاريو
- بلدية تورنتو الكبرى
- مركز الجالية العربية في تورنتو
- مجلس الصحافة الإثنية في كندا
- الجمعية الدرزية الكندية في أونتاريو
- رابطة المسلمين التقدميين في كندا
- رابطة الأطباء العرب في شمال أميركا
- الإتحاد العالمي للمؤلفين باللغة العربية
- جمعية "عالم إنسان بلا حدود" – لبنان

صدر للمؤلف

- كتاب "**الأبله الحكيم**"
الطبعة الأولى (1974) الطبعة الثانية (2009) الطبعة الثالثة (2011)

- كتاب "**أصداء وأضواء**" (1978)

- كتاب "**كلمات بلا حواجز**"
الطبعة الأولى (2009) الطبعة الثانية (2011)

- كتاب "**أوراق حائرة**"
الطبعة الأولى (2009) الطبعة الثانية (2012)

- كتاب "**بيت التوحيد بيت العرب**"
الطبعة الأولى (2009) الطبعة الثانية (2022)

- كتاب "**الوصايا العشر**"
الطبعة الأولى (2011) الطبعة الثانية (2013) الطبعة الثالثة (2022)

- كتاب "**سقوط الجمهورية**" (2013)

- كتاب "**أقلام صادقة**" (2014)

- كتاب **يوسف مروه** - "**التبادل الثقافي بين الشرق والغرب**" (2019)

- كتاب **سعيد تقي الدين** - "**الفكر الحاضر المغيّب**" (2020)

- كتاب "**إضاءات**" (2021)

- كتاب "**وجهة سير**" (2022)